GOLDMANN SCHOTT

OPERN DER WELT

Bisher erschienen

Ludwig van Beethoven, Fidelio
Wolfgang Amadeus Mozart, Die Zauberflöte
Wolfgang Amadeus Mozart, Figaros Hochzeit
Georges Bizet, Carmen
Giuseppe Verdi, Aida
Richard Wagner, Der Fliegende Holländer
Giuseppe Verdi, Rigoletto
Giacomo Puccini, La Bohème
Wolfgang Amadeus Mozart, Die Entführung aus dem Serail
Richard Strauss, Der Rosenkavalier
Jacques Offenbach, Hoffmanns Erzählungen
Giuseppe Verdi, Othello
Carl Orff, Der Mond/Die Kluge
Richard Wagner, Parsifal
Albert Lortzing, Zar und Zimmermann
Wolfgang Amadeus Mozart, Don Giovanni
Richard Wagner, Tannhäuser
Otto Nicolai, Die Lustigen Weiber von Windsor

Weitere Bände in Vorbereitung

Otto Nicolai

Die Lustigen Weiber von Windsor

Dieser Opernführer wurde verfaßt und herausgegeben von
Kurt Pahlen
unter Mitarbeit von Rosemarie König

Originalausgabe

Wilhelm Goldmann Verlag

Musikverlag B. SCHOTT'S Söhne

Abdruck der Notenbeispiele aus dem Klavierauszug Otto Nicolai, »Die Lustigen Weiber von Windsor« mit Genehmigung von C.F. Peters Musikverlag, Frankfurt.

Die Diskographie wurde von Albert Thalmann, Bern zusammengestellt.

Bildquellennachweis:
Archiv Pahlen: S. 6, 181, 195, 203, 219, 242, 244, 248, 257, 262
Sabine Toepffer: S. 163, 167, 168, 172, 176/77
Archiv für Kunst und Geschichte, Berlin: S. 189, 251, 271

Rosemarie König und Albert Thalmann (Diskographie) danke ich an dieser Stelle herzlich für ihre wertvolle Mitarbeit.

Kurt Pahlen

Made in Germany · 11/81 · 1. Auflage · 118

Umschlaggestaltung: Atelier Adolf & Angelika Bachmann, München
Satz: type center, München
Druck: Presse-Druck, Augsburg
Verlagsnummer 33 053
Redaktion: Gerda Weiss · Herstellung: Gisela Ernst
ISBN 3-442-33 053-X

Inhalt

Otto Nicolai (1810–1849)
Porträtzeichnung

Zur Aufführung

TITEL

»Die Lustigen Weiber von Windsor«

BEZEICHNUNG

Komisch-phantastische Oper in drei Akten, mit Tanz, nach Shakespeares gleichnamigem Lustspiel, gedichtet von Hermann S. Mosenthal. Musik von Otto Nicolai.

Uraufführung: Berlin, am 9. März 1849.

PERSONENVERZEICHNIS

Sir John Falstaff . . . . . . Baß
Herr Fluth,
Bürger von Windsor . . . . Bariton
Herr Reich,
Bürger von Windsor . . . . Baß
Frau Fluth . . . . Sopran
Frau Reich . . . . Mezzosopran
Fenton . . . . Tenor (lyrischer Tenor)
Spärlich, Junker . . . . . . Tenor (komischer oder Spieltenor)
Dr. Cajus . . . . Baß (Baß-Buffo)
Anna Reich, Tochter des
Ehepaars Reich . . . . . Sopran
Ein Bürger . . . . Tenor
Mehrere Bürger, der Wirt,
Kellner . . . . Sprechrollen
Knechte im
Hause Fluth . . . . stumme Rollen

Chöre und Ballett. Bürger und Frauen von Windsor. Kinder. Masken, Verkleidete usw.

ORT UND ZEIT DER HANDLUNG

Die englische Stadt Windsor.
Um 1600 anzunehmen, also zu Shakespeares Lebzeiten.

ORCHESTERBESETZUNG

2 Flöten (die zweite auch Piccolo), 2 Oboen, 2 Klarinetten, 2 Fagotte, 4 Hörner, 2 Trompeten, 3 Posaunen, 1 Paar Pauken, 1 große Trommel, 1 Becken (mit zwei Tellern), 1 kleine Trommel, 1 Triangel, 1 Harfe, Streicher geteilt wie üblich in Erste und Zweite Violinen, Bratschen, Violoncelli und Kontrabässe.
Ferner auf der Bühne: 1 Harfe, 1 Glocke (auf den Ton G gestimmt).

Kompletter Text
mit
musikalischen Erläuterungen

Hier liegt ein wahres Wunderwerk von Ouvertüre vor uns; es hat seine gewaltige Popularität wahrhaft verdient. Die Themen sind überaus eingängig, melodisch, schwungvoll, geistreich, aber auch stimmungsvoll und sogar träumerisch. Sie haben mehr als einen Erklärer zu blumigen Erläuterungen verleitet, zu poetischen Metaphern und zu witzigen Formulierungen veranlaßt.

Auch wenn wir uns von jeder Subjektivierung freihalten wollen, so besteht doch kein Zweifel, daß der erste Einsatz – der lange hohe Geigenton – und das bald danach in tiefer Lage einsetzende, geruhsam gestrichene Kontrabaßthema von süßer Melodie eine Sommernacht symbolisieren, in der, durch das Gehölz eines Waldes sichtbar werdend, der Vollmond über der wohlig schlummernden Landschaft emporsteigt: Nicolai selbst autorisiert uns zu dieser Erklärung, denn die gleiche Musik kehrt im letzten Akt wieder, dessen Szenerie er sich so gewünscht hat. Das Thema durchläuft vielerlei verschiedene Instrumentierungen, schwillt an, gewinnt an Süße und Ausdruck:

(1)

Die Musik belebt sich, sie treibt vorwärts, nimmt Lustspielcharakter an (denn das Mondaufgangsidyll ist ja nur gewissermaßen eine »Begleiterscheinung« der Handlung, wenn auch eine besonders stimmungsträchtige), entwickelt Themen, die zwischen »elegant« und »übermütig« liegen,

(2)

OUVERTÜRE

bis dann eindeutig die Kobolde hervorbrechen, die Elfen und Feen des Waldes,

(3)

um in immer wirbelnderem Treiben einen jubelnden Höhepunkt zu erreichen:

(4)

Nicolais Erfindung und Fantasie scheinen unerschöpflich: wieder ein sehr prägnantes neues Thema, schwungvoll, ein wenig innig:

(5)

Ist es eine Liebesmelodie? Malt es die Kleinstadtidylle? (Wagner verwendet in seinen »Meistersingern« ein sehr ähnliches –, fast als habe er Nicolais Thema im Kopf gehabt). Dann stürzt sich die wieder äußerst lebhaft werdende, wirbelnde Musik plötzlich in Moll: der nächtliche Spuk jagt noch einmal vorbei, erschreckend (wenn auch nur für Falstaff):

(6)

Zuletzt eine volltönende Apotheose, mitreißend, glänzend gelaunt:

(7)

Der Hörer ist in Stimmung, das tolle Spiel um Liebe und Geld kann beginnen, die Rache einsetzen, die »lustigen Weiber« an einem allzu kecken »Verehrer« ausgetobt werden.

Das Duett setzt mit einem lebhaften Orchestervorspiel ein, (zu dem Frau Fluth, erbost und doch ein wenig belustigt, aus ihrem Hause tritt). Sie übernimmt dessen Melodie:

(8)

Gleich darauf hält sie inne: ein Gedanke geht ihr durch den Kopf, den sie wohl lieber bei sich behält (da er ihrem ohnedies entsetzlich eifersüchtigen Ehemann schwer zu schaffen machte, wenn er ihn wüßte):

(9)

ERSTER AUFZUG

Hofraum

Links das Haus des Herrn Reich, rechts das des Herrn Fluth; beide mit praktikablen Türen. Im Hintergrunde ein Staketenzaun mit einer Tür, durch den man die andere Seite der Straße erblickt.

Es ist nachmittags an einem Sommertage.

ERSTER AUFTRITT

Frau Fluth,

einen offenen Brief in der Hand, tritt aus ihrem Hause.

Nr. 1. Duett

Frau Fluth: Nein, das ist wirklich doch zu keck!
Wie kann er es nur wagen,
Der volltrunkne dicke Geck,
Mit Liebe mich zu plagen!

Ja, wenn es noch ein Ritter wär',
Fein zierlich – jung an Jahren –
Doch solch ein fetter Gast wie der . . .
Da soll mich Gott bewahren!
Hab' ich denn wirklich recht gelesen?

Doch schon gewinnt wieder ihre Schalkhaftigkeit die Oberhand. Das Orchester bringt eine neue, liebliche Melodie, zu der sie, auf einem einzigen Ton rezitierend, Falstaffs Brief liest:

(10)

Sie unterbricht immer wieder, um in einem Rezitativ ihre Randbemerkungen zu machen. Die Musik wird immer drängender, je anmaßendere Liebesworte der Brief enthält und je empörter Frau Fluth ihn liest. Zuletzt, urkomisch in ihrem gravitätischen Gehaben, in tiefer Lage, die Unterschrift: »John Falstaff«. Und dann, losbrechend, die Rachepläne der jungen Frau. Schnell zur Nachbarin!

(Sie liest.) »O schönste Frau, wir taugen
Zusammen gar zu gut,
Ihr habt verliebte Augen
Und scheint von heißem Blut ...«
Da hört mir nur den Grobian!
Was gehn ihn meine Augen an?
»Ihr liebt den Sekt, ich lieb' ihn auch!
Ist das nicht Sympathie?« *(Heftig)*
Was denkt sich nur der alte Schlauch,
Ich, Sekt? – Ich trinke nie!
»Und kurz und gut,
Ich habe Mut,
Ich liebe dich
Herzinniglich,
Bei Tag und Nacht
Für dich bedacht,
John Falstaff!«
Ha, warte nur! Ich will dich Gecken
Für deine frechen Worte necken;
Mit meiner Nachbarin, Frau Reich,
Berat' ich ein Komplott sogleich!

Da tritt diese gerade aus ihrem Hause. Die Worte und die Melodie ihres Auftritts entsprechen denen Frau Fluths in der vorherigen Szene, denn die Situation ist ja die gleiche. Und so wird aus diesem nachbarlichen Treffen ein äußerst vergnügliches, ja übermütiges Musikstück.

Sehr hübsch, wie die beiden Frauen einander die Sätze der Briefe, die sie erhielten, gewissermaßen aus dem Munde nehmen und in immer größere Erregung geraten, bis sie schließlich einfallen, bevor die Nachbarin noch das letzte Wort ausgesprochen hat.

ZWEITER AUFTRITT

Frau Fluth; Frau Reich, die ebenfalls einen Brief in der Hand hält und ihre Nachbarin nicht gleich bemerkt, tritt aus ihrem Haus.

Frau Reich: Geschwind zu meiner Nachbarin,
Das Zeug mit ihr zu lesen!
Nein, so ein Schreiben ohne Sinn
Ist nimmer dagewesen! *(Sie bemerkt Frau Fluth.)*
Ach schön! Frau Fluth!
Das trifft sich gut!
Frau Fluth: Frau Reich –
Frau Reich: Zu Euch wollt' ich soeben hin.
Frau Fluth: Und ich zu Euch, Frau Nachbarin.
Frau Reich: Mit diesem Briefchen wunderlich.
Frau Fluth: Mit einem Briefe komm' auch ich!
Frau Reich: Mir schreibt ein ganz kurioser Mann!
Frau Fluth: O lest es mir!
Frau Reich: So hört es an![1]
Frau Fluth: O lest, daß ich es hören kann!
Frau Reich: Ich les' es Euch, so hört es an!
(Sie liest.) »O schönste Frau, wir taugen
Zusammen gar zu gut –
Frau Fluth (erstaunt und ihren eigenen Brief nachlesend):
Zusammen gar zu gut –
Das steht auch hier!
Frau Reich: Ihr habt verliebte Augen,
Und . . .
Frau Fluth: Und scheint von heißem Blut . . .
Nur fort, nur fort!
Frau Reich: Ihr liebt den Sekt, ich lieb' ihn auch!
Frau Fluth: Den Sekt.
Frau Reich: Ist das nicht Sympathie?«
Frau Fluth: Nur weiter, nur weiter!

[1] TV (Textvariante): So hört mich an!

Das ergibt eine lustige Steigerung – musikalisch könnte man das als »Engführung« bezeichnen –, die sich schnell höher und höher schraubt, dann wie atemlos abbricht und mit der gravitätischen Phrase »John Falstaff« in tiefster Lage so urkomisch wie früher endet:

(11)

Beide: »Und kurz und gut,
Ich habe Mut,
Ich liebe dich
Herzinniglich,
Bei Tag und Nacht
Für dich bedacht,
John Falstaff!«
Welch ein Frevel! Zweien Frauen
Stellt der alte Sünder nach!
Mich ergreift Entsetzen, Grauen,
Überdenk' ich mir die Schmach!

Ein Augenblick des empörten Innehaltens. Und dann – nun im völligen Gleichtakt, da sie gewissermaßen eins geworden sind gegenüber dem frechen Herausforderer – ihre Reaktion. Frau Fluth, die einfallsreichere der beiden, sinnt auf Rache: ihre Phrase, die das ankündigt, ist sehr melodiös. Frau Reich wird mitgerissen und wiederholt den Anfang von Frau Fluths Ankündigung völlig gleichlautend (wenn auch, ihrer tieferen Stimmlage wegen, um eine Quarte tiefer):

(12)

Die »lustigen Weiber« steigern sich immer heftiger in ihren Beschluß hinein, die Stimmen treten eng zueinander, ja vollführen am Ende dieses Teils sogar gemeinsame Koloraturen; sie sind sich einig – voll Übermut, Freude am Spiel ebenso wie erbost und empört–, handeln zu müssen. Doch nun, bei Besprechung der Einzelheiten, zeigen sich Differenzen:

(Fortsetzung des Notenbeispiels S. 26)

Frau Fluth: Aber unsre Weiberehre
Soll sich rächen, guter Freund!
Weiber setzen sich zur Wehre,
List und Rache sei vereint!
Frau Reich: Aber unsre Weiberehre usw.

Frau Fluth: Was werden wir beginnen?
Frau Reich (entschlossen): Ich sag' es meinem Mann!
Frau Fluth: Seid Ihr nicht recht bei Sinnen?
Wie denkt Ihr nur daran?
Da wär' der Spaß zu Ende,
Bevor man lachen könnte,
Nein, nein, das geht nicht an!
Frau Reich: Nun, wie Ihr wollt!
Frau Fluth: So höret meinen Plan *(pfiffig):*
Wir locken ihn mit Weiberlist

(13)

Frau Fluth ergreift die Initiative. Sie spinnt das Motiv, mit dem Beispiel Nr. 13 beginnt, weiter aus, um ihren Plan zu entwikkeln und überzeugt die Nachbarin so völlig, daß sie gemeinsam, in überschäumendem Duett, den letzten Teil des Musikstücks, immer rascher und begeisterter werdend, zu frohem Ende bringen können:

(Fortsetzung des Notenbeispiels S. 28)

In eine sichre Falle,
Und wenn er drin gefangen ist,
Verhöhnen wir ihn alle!

Frau Reich: Ja, ja, so sei's!

Beide: Wir locken ihn mit Weiberlist
In eine Falle.
Und wenn er dann gefangen ist,[1]
Verhöhnen wir ihn alle!
So eilen wir sogleich zu Rat
Und heute noch zur schlauen Tat!
Alter, nimm dich jetzt zusammen,
Wir ersinnen feinen Scherz,
Ja, wir kühlen deine Flammen,
Wir kurieren dir das Herz!
List und Laune, heitre Schwänke
Locken dich zu uns heran.
Doch bedenke – tausend Ränke
Harren dein, armer Mann!

[1] TV: Und wenn er drin gefangen ist.

(14)

Nach der Szene mit den »lustigen Frauen« folgt nun eine mit den gar nicht so lustigen Männern von Windsor. Eher wären einige von ihnen als (unfreiwillig) komisch anzusprechen. Komisch ist die ununterbrochene Eifersucht des Herrn Fluth (über deren leise Berechtigung nachzudenken hier nicht der Platz ist). Komisch der »Junker« Spärlich, dessen Leitmotiv »O süße Anna« in seiner stereotypen Wiederholung grotesk wirkt. Wäre das Werk zwanzig oder gar dreißig Jahre später komponiert worden, so ließe sich vielleicht an eine parodistische Absicht Nicolais (gegen das wagnersche Leitmotiv) denken; doch von dem sprach in den vierziger Jahren noch niemand.

Komisch ist auch der Franzose Dr. Cajus in Gehaben und Sprache. Ernst hingegen Herr Reich, der zuletzt doch – neben Falstaff und Herrn Fluth – unter die Geprellten des Stückes gehören wird. Und ganz ernst, mit lyrischer Melodik und sympathisch jünglingshaftem Wesen gezeichnet, Fenton.

Alter, nimm dich jetzt zusammen,
Weiber locken dich heran,
Doch bedenke, tausend Ränke
Harren deiner dann, armer Mann!
(Sie gehen eilig in das Haus der Frau Fluth ab.)

DRITTER AUFTRITT

Herr Fluth, Herr Reich, Junker Spärlich, Dr. Cajus im Gespräch von der Straße kommend.

Fluth: Nun, liebe Herren, ich denke, ihr tretet bei mir ein; mein Tisch wird wohl leidlich besetzt sein, und ich lade euch alle zum Nachtmahle.

Reich: Entschuldigt mich, Herr Fluth, meine Frau erwartet mich.

Spärlich: Verzeiht auch mir; ich habe die Einladung des Herrn Reich angenommen und möchte um keinen Preis versäumen, in Gesellschaft der süßen Anna zu speisen.

Cajus (beiseite, mit verächtlichem Blick auf Spärlich): Der 'Ans Aff.

Reich: Das ist recht von Euch, Junker Spärlich! Ich sehe es gerne, daß Ihr Euch um meine Tochter Anna bewerbt, und meine Einwilligung habt Ihr, obwohl meine Frau für Euch, Herr Doktor, stimmt, ich weiß es.

Cajus: Oui pardieu! – Und die Fräulein lieben mir – ik 'aben kelesen daß in ihre ßöne Auken!

Spärlich (beiseite, mit verächtlichem Blick auf Cajus): O süße Anna!

Fluth (zu Cajus): Das ist eine trügliche Schrift, mein Freund, die Ihr da gelesen habt! Die Weiber machen leicht überall schöne Augen! Ich weiß das von meinem

(Gesprochene Dialoge)

Sehr beachtenswert erscheint die Art, wie Nicolai hier (und auch anderswo) aus den gesprochenen Dialogen in die Musik übergeht. Es geschieht fast unmerklich. Die Stimme verbleibt etwa auf der Höhe des Sprechers, das Orchester legt einen langen Akkord darunter und geht erst allmählich in eine ausdrucksvollere »Begleitung« über. Der Hörer wird also des Übergangs kaum bewußt. Nicolai verwendet keine Secco-Rezitative mehr, wie es seine italienischen Zeitgenossen noch tun (Sprechgesang mit Cembalostützung); sein orchesterbegleitetes Rezitativ (technisch recitativo accompagnato genannt) ist

eigenen Weibe, das ich nicht genug hüten kann! Aber beim Himmel! *(Heftig werdend.)* Wenn ich einmal einen Liebhaber bei ihr ertappe, ich ...

Reich: Schweigt, Nachbar Fluth! Mit Eurer ewigen Eifersucht kränkt Ihr nur Eure tugendsame Hausfrau und macht Euch zum Gelächter!

Fluth: Und Ihr werdet Eurem Weibe so lange alles durch die Finger sehen, bis Ihr den allerschönsten Hauptschmuck herumtragen werdet! – O die Weiber, die Weiber!

Reich: Laßt uns darum nicht streiten; ich weiß es, Ihr seid unverbesserlich. Gehen wir!

Fluth: Guten Abend, liebe Herren! *(Im Abgehen in sein Haus.)* Ich will meine Frau nicht zu lange allein lassen. *(Er geht ab.)*

Reich: Kommt, Sohn Spärlich, die Frauen erwarten uns! *(Er will in sein Haus.)*

VIERTER AUFTRITT

Die Vorigen, Fenton.

Fenton: Vergönnt mir ein Wort, Herr Reich!

Reich (beiseite): Schon wieder dieser überlästige Fenton! *(Laut.)* Was wünscht Ihr?

Fenton: Einen Augenblick allein mit Euch zu reden.

Nr. 2. Rezitativ und Duett

Reich (zu Spärlich): So geht indes hinein, mein lieber Schwiegersohn,
Ich werde bald Euch folgen.

Spärlich (im Abgehen in Reichs Haus, mit Karikatur):
O süße Anna!

Cajus (wütend): Swiekersohn! Swiekersohn!
Mort de ma vie! Nock sein wir nick so weit!
Ick werden[1] bringen um ce Monsieur Sperlik

[1] TV: Hier auch »werde«.

dramatisch deklamiert, also mit den Betonungen, die sprachlich richtig sind, ohne Rücksicht auf Melodik. Es ist jene Ausdrucksform, die wir in deutscher Sprache von Mozarts Sprecherszene der »Zauberflöte« über Weber bis zu Wagner verfolgen können, der sie dann auf ihren Höhepunkt steigert, da sie bei ihm den weitaus größten Teil der Werke ausmacht. Bei Nicolai hingegen spielt sie keine so gewichtige Rolle, sie stellt vor allem die Übergänge vom Sprechen zu den geschlossenen Musikformen her.

So ist es auch hier, im melodisch wie orchestral sich immer mehr steigernden Duett zwischen Reich und Fenton. Ganz natürlich entwickelt sich die kleine Arie oder Ariette Fentons: »Wenn Eure Seele . . .«, in der natürlich das melodische Element die Oberhand gewinnt:

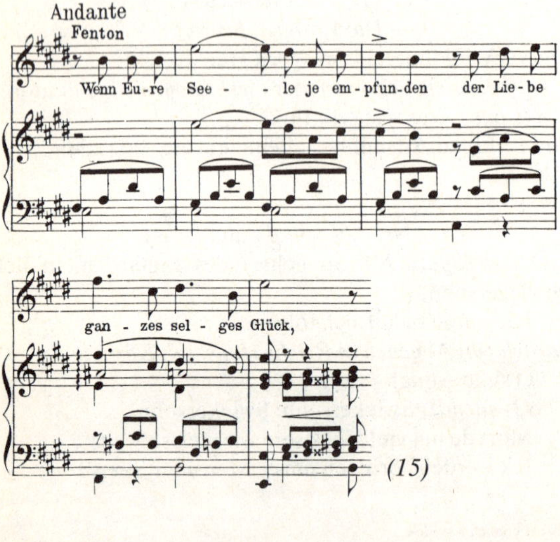

(15)

Und ick wollen selbst besitzen la belle Anna!
Daß ßwören ick bei alle Teufel! *(Er läuft ab.)*
Reich (ihm nachsehend): Uhu! Der fränk'sche Puter, der!
Doch was begehret Ihr von mir, Herr Fenton?

Duett

Fenton: Eure Tochter!
Reich(erstaunt): Meine Tochter?
Fenton: Anna, der mein ganzes Herz gehört!
Reich (für sich): Hat man so was je gehört?
Daß ein Habenichts wie dieser
Meiner Tochter Hand begehrt!
Fenton: Mein Vermögen ist bescheiden . . .
Reich: Ich weiß es, *(spottend)* sehr bescheiden.
Fenton: Doch ist Liebe mit uns beiden,
Und ich habe Kraft und Fleiß.
Reich: Alles recht, doch ist sie schon . . .
Fenton: Glaubt, ich liebe treu und ehrlich!
Reich (für sich): Ha, da ist doch Junker Spärlich
Ganz ein andrer Schwiegersohn!
Fenton: O hört mich!
Wenn Eure Seele je empfunden
Der Liebe ganzes sel'ges Glück,
O so gedenket jener Stunden
Und weist so kalt mich nicht zurück!
Verweigert nicht die höchste Gabe
Und fürchtet spätrer Tage Reu'.
Ich bin nicht reich an Gold und Habe,
Doch bin ich reich an Lieb' und Treu'!

Nach diesem kurzen, aber wichtigen und für die »Nebenhandlung« (der Kampf dreier Bewerber um Ännchen Reich) bezeichnenden lyrischen Erguß wird das Duett in grotesker Form fortgeführt: Fenton singt weiter von seiner Liebe und Treue, doch der prosaische Herr Reich gedenkt in seiner Gegenstimme ausschließlich des ansehnlichen Vermögens, das »sein Kandidat« Spärlich mit in die Ehe brächte, woraus für ihn dessen Überlegenheit klar hervorgeht.

Am Schluß des Duetts kommt es zu einem immer heftiger werdenden (verbalen) Kampf der beiden Männer, der sich auch musikalisch in immer härteren Rhythmen und heftigen Orchesterschlägen ausdrückt.

Reich (für sich): Ja der käme mir gelegen!
Spärlich hat ein schön Vermögen –
Eine bessere Partie
Findet meine Tochter nie.
Fenton: Verweigert nicht die höchste Gabe
Und fürchtet spätrer Tage Reu'.
Ich bin nicht reich an Gold und Habe,
Doch bin ich reich an Lieb' und Treu'!
Reich: Viel hat er zurückgelegt,
Das ihm sich're Zinsen trägt,
Steht sich zirka jedes Jahr
Auf sechshundert Pfunde bar.
Und die blühende Fabrik –
Anna macht das größte Glück!
Alle Jahr sechshundert Pfund!
Fenton: Bin ich erhört? O saget an!
Reich: Nein, nein! Ich hab' schon meinen Mann.
Fenton: Ach, einen treuern trefft Ihr schwerlich –
Reich: So, so? Zum Beispiel Junker Spärlich –
Fenton: Wie? Der! Um diesen Papagei
Verstoßt Ihr mich?
Reich (ärgerlich): Mein Herr! Nun aber ist's vorbei!
Beschimpft mir nicht den Schwiegersohn!
Ihr kriegt sie nicht! Bleibt mir davon!
Fenton (heftig werdend): So ist dies Euer letztes Wort?
Reich: Ihr kriegt sie nicht!
Fenton: So ist dies[1] Euer letztes Wort?
Reich (kurz): Ergebner Diener! Ich muß fort.
Fenton: Herr Nachbar, seid auf Eurer Hut,
Ich liebe sie, ich habe Mut!
(allmählich heftiger werdend)
Reich: Hoho!
Fenton: Vergebens ist all Euer Sinnen –
Reich: So?
Fenton: Die Liebe wird den Sieg gewinnen –
Reich: I?[2]

[1] TV: Für »dies« auch »das«.
[2] TV: Anstelle von »I« steht »Wie«.

Die nächste Szene gehört ganz und gar der Anführerin der lustigen Weiber von Windsor, Frau Fluth. Es ist eine der größten Soloszenen der deutschen Spieloper überhaupt: Porträt, Charakterstudie, schauspielerische und sängerische Glanzgelegenheit. Sie beginnt mit einem Rezitativ, bei dem in der Singstimme vor allem – neben dem Ausdruck – auf Textdeutlichkeit geachtet ist. Frau Fluths Anruf an Witz, heitre Laune, toll-

Fenton: Trotz allen Euren Tyrannein
Wird Anna doch die Meine sein!
Reich (scheinbar gutmütig):
Herr Nachbar! Bringt Euch nicht in Wut,
Für Euch ist Anna viel zu gut!
Was soll das törichte Beginnen?
Ich bitt' Euch, wollt Euch besinnen!
(heftiger): Was nützen Euch die Narretein?
Sie kann doch nie die Eure sein!
Nein, nein, nein, nein!
(Er läßt Fenton stehen und begibt sich in sein Haus.)

Verwandlung
Zimmer in Fluths Hause
Im Hintergrunde zwei Türen, wovon die linke inwendig zu verriegeln und mit einem praktikablen Schlüssel zu verschließen ist. Diese führt auf den Hausflur. Zwei Seitentüren. Rechts gegen den Hintergrund steht eine spanische Wand. Links gegen den Hintergrund ist ein großer Waschkorb hingestellt. Zwischen beiden Türen des Hauptgrundes befindet sich ein zugemachter Kleiderschrank, worin mehrere Weiberröcke hängen. Im Vordergrunde links ein Tisch mit Lichtern nebst Stuhl.

FÜNFTER AUFTRITT
Frau Fluth

Nr. 3. Rezitativ und Arie
Frau Fluth (tritt aus der Seitentür links):
Nun eilt herbei, Witz, heitre Laune,
Die tollsten Schwänke, List und Übermut!
Nichts sei zu arg, wenn's dazu diene,
Die Männer ohn' Erbarmen zu bestrafen!
Das ist ein Volk! – So schlecht sind sie,
Daß man sie gar genug nicht quälen kann!

ste Schwänke, List und Übermut geschieht völlig ohne Orchesteruntermalung, und ebenso deutlich deklamiert wird ihre unüberbietbar schlechte Meinung von den Männern, die man gar nicht genug quälen kann, um sie ohne Erbarmen zu bestrafen . . . Dann wenden ihre Gedanken sich dem Auftritt zu, der ihr bevorsteht: sie erwartet Sir John. Zur Sicherheit spielt sie sich die Szene rasch noch einmal allein durch: wie sie ihm gegenübertreten, welche Komödie sie ihm vorspielen will:

(16)

Vorwurf, Verlegenheit, Geziertheit zuerst; nur um dann zu weicheren Tönen überzugehen und das Spiel auf den Höhe-

Vor allem[1] jener dicke Schlemmer,
Der uns verführen will! – Hahahaha!
Er soll es büßen!
Doch wenn er kommt – wie werd' ich mich benehmen müssen . . .?
Was werd' ich sagen . . . halt! Ich weiß es schon!

(Zornig.) Verführer! Warum stellt Ihr so
Der tugendsamen Gattin nach?
Warum? Verführer!
Den Frevel sollt' ich nie verzeihn,
Nein, nie!
Mein Zorn müßt' Eure Strafe sein.
Jedoch – des Weibes Herz ist schwach!
Ihr klagt so rührend Eure Pein –
Ihr seufzt – mein Herz wird weich.
Nicht länger kann ich grausam sein,
Und ich gesteh' es – schamrot – Euch ein:
Mein Ritter, ach! Ich liebe Euch!

[1] TV: Auch »vor allen«.

punkt zu treiben: der charmanten Andeutung ihres Nachgebens, Erliegens gegenüber den unwiderstehlichen Verführungskünsten Sir Johns.

Lachend unterbricht sie ihre »Generalprobe«: er wird ihr glauben, so faustdick sie auch aufzutragen gedenkt: was glaubt ein Mann in seiner Eitelkeit nicht alles?

Nun freut sie sich richtig auf das kleine Lustspiel, das sie sich da ausgedacht hat:

(17)

(Gesprochene Dialoge)

(Sie lacht.) Hahahaha! – Er wird mir glauben!
Verstellen kann ich mich fürwahr;
Ein kühnes Wagstück ist es zwar,
Allein den Spaß kann man sich schon erlauben.
Frohsinn und Laune
Würzen das Leben,
Und zu vergeben
Ist wohl ein Scherz.
So zum Vergnügen
Darf man schon lügen,
Bleibt nur voll Liebe,
Voll Treue das Herz.
Drum voll Vertrauen
Wag' ich die Tat:
Listige Frauen,[1]
Die wissen sich Rat!
Ja, die wissen schlauen Rat!

SECHSTER AUFTRITT

Frau Reich. Frau Fluth.

Frau Reich (tritt behutsam ein): Nun, Frau Gevatterin, ist alles fertig?

Frau Fluth: Ach, da seid Ihr ja schon! Das ist herrlich! Seht nur den gewaltigen Waschkorb, den ich habe hersetzen lassen.

Frau Reich (lacht): Hahahaha! Und die Knechte sind bereit?

Frau Fluth: Sie warten nur auf meinen Ruf; Ihr habt doch auch das Eure getan?

Frau Reich: Wie wir verabredet haben. Ich habe an Euren Mann ein Briefchen geschickt, worin er erfährt, daß

[1] TV: Für »listige« steht auch »lustige«.

er heute in der Dämmerungsstunde bei seiner Frau einen Liebhaber ertappen könne.

Frau Fluth: Herrlich! So sollen sie beide bestraft werden; mein Mann für seine ewige Eifersucht . . .

Frau Reich: Und der dicke Junker für seine Frechheit! Er wird gewiß gleich hier sein, denn die Stunde, zu der wir ihn bestellt haben, hat schon geschlagen.

Frau Fluth: So eilet fort auf Euren Posten und vergeßt Eure Rolle nicht!

Frau Reich: Seid unbesorgt! *(Sie will durch die Tür im Hintergrunde.)*

Frau Fluth: Nein, hier hinaus! *(Sie deutet auf die Seitentüre.)* Damit er Euch nicht etwa begegnet! Von jener Kammer könnt Ihr durch eine Tapetentür wieder auf den Hausflur.

Frau Reich: Ich weiß, ich weiß! Haltet Euch tapfer!

Frau Fluth: Fort, fort, ich hör' ihn schon!

Frau Reich (geht durch die bezeichnete Tür ab.)

Frau Fluth: Nun komm, alter Sünder! Wir wollen dich Mores lehren. *(Sie setzt sich an den Tisch und tut nachdenkend.)*

Mit dem großartigen – oder nur großspurigen – Auftreten Sir John Falstaffs setzt die Musik wieder ein: sie malt, ein wenig parodistisch (Andante maestoso!), nach Art alter höfischer Zeremonien, den grotesken Liebhaber, der da siegessicher seinem »Opfer« gegenübertritt:

(18)

Er zweifelt nicht daran, die bezaubernde Frau bereits errungen zu haben: sein »Ruhm« und sein Brief scheinen ihm dafür völlig genügend zu sein. Frau Fluth beginnt ihre Komödie,

SIEBENTER AUFTRITT

Frau Fluth. Falstaff, der den Riegel vor die Tür schiebt. Dann Frau Reich von außen.

Nr. 4. Finale

Falstaff (mit Emphase): So hab' ich dich errungen,
Du schönster Edelstein!
Komm her und sei umschlungen,
(Stolz.) Sollst meine Lady sein!
(Er will sie umfassen.)
Ja, du sollst meine Lady sein!
Frau Fluth (sich verschämt stellend):
Ach, liebster Junker! Laßt mich doch . . .
Falstaff: Wie, schöne Frau, du zitterst noch?
Sei, Weibchen, ohne Sorgen
Und zier dich länger nicht!
Frau Fluth: So sprecht Ihr heut, doch morgen
Kennt mich der Ritter nicht.
Falstaff: So wahr ich treu und immer nüchtern . . .
Frau Fluth: Ich trau' Euch nicht sogleich –
Falstaff: Komm, Herzchen, sei doch nicht so schüchtern –
Frau Fluth: Ich trau' Euch nicht sogleich.
Liebt Ihr nicht auch Frau Reich?

anders als geplant, aber sehr glaubhaft. Frau Reich, die leise eingetreten ist, vernimmt gerade die auf sie bezüglichen, nicht gerade schmeichelhaften Worte Falstaffs: Um so wirksamer wird sie »mitspielen«!

Gerade will Sir John zum entscheidenden Angriff übergehen, da klopft die wieder aus dem Zimmer geschlüpfte Frau Reich – wie vereinbart – heftig an die Türe:

Frau Reich (erscheint in der Tür, horchend):
Falstaff: Wie? Was? Jene alte Schachtel?
Brr! – Das wär' mir ein Geschmack![1]
Die hüpft wie eine Wachtel –
(Er wiegt sich hin und her.)
Frau Reich (droht ihm.)
Falstaff: Und schnupft dabei Tabak![2]
Nein, nein! Was fällt Euch ein?
Da müßt' ich wirklich närrisch sein!
Frau Reich (verschwindet.)
Frau Fluth: Nun gut! Ich will dir glauben,
(zärtlich.) Du schmucker Ritter, du!
Fallstaff (plump): Komm, lieblichste der Tauben,
Gib meiner Seele Ruh!
Frau Reich (von außen, klopft an die verriegelte Tür): Frau Fluth!
Frau Fluth (sich erschrocken stellend): Man klopft!
Frau Reich: Frau Fluth! Macht auf geschwind!
Frau Fluth: Weh mir!
Falstaff (ängstlich und leise): Was nun? Sprich, süßes Kind!
Frau Reich (klopft): Frau Fluth! Macht auf!
Falstaff: Hilf, Himmel!
Frau Reich: Geschwind!
Frau Fluth (laut): Ja doch, gleich!
(Leise.) Hier, teurer Sir, versteckt Euch!
(Sie versteckt Falstaff hinter die Tapete.)
Frau Reich (pocht von neuem):
Frau Fluth! Macht auf!
Frau Fluth: Ja doch, gleich! *(Sie geht die Tür öffnen.)*

[1] TV: Dieser Vers lautet: Was fällt Euch doch nur ein!
[2] TV: Hier dann: Da müßt ich närrisch sein.

Die Erregung des Orchesters nimmt nun schrittweise zu, der ängstliche Falstaff wird versteckt, Frau Reich stürzt atemlos herein und verkündet, Herr Fluth sei »mit halb Windsor« auf dem Wege zu seinem Haus, um seine Gattin mit einem Liebhaber zu ertappen. Frau Fluth, Verzweiflung spielend, aber innerlich köstlich amüsiert, fordert Frau Reich mehrmals leise auf, so laut wie möglich ihre dramatische Erzählung fortzusetzen, damit Sir John sie in seinem Versteck nur ja Wort für Wort mitbekäme.

Die Musik untermalt: den gespielten Schreck, die Hast des Verbergens Falstaffs in den Wäschekorb, dessen Hilflosigkeit, die ihn aber nicht hindert, den beiden Frauen groteske Komplimente zu machen.

ACHTER AUFTRITT

Die Vorigen. Frau Reich (tritt ein).

Frau Fluth: Frau Reich, seid Ihr's?
Frau Reich: Ja, ich.
Frau Fluth: Was bringet Ihr?
Frau Reich (atemlos): O weh! Ich bin ganz außer mir!
Frau Fluth: Was gibt's? So sprecht!
Frau Reich: Ach, Euer guter Ruf ist hin!
Frau Fluth (wie zornig): Wieso, Frau Nachbarin?
Frau Reich: Ach, Euer Mann ist toll vor Wut.
O rettet Euch, sonst fließt noch Blut!
Frau Fluth (leise, aber sehr eindringlich gesprochen, nicht gesungen): Sprich lauter !*(Laut, singt.)* Gott! Was will er nur?
Frau Reich (sehr laut): Er schreit, er sei Euch auf der Spur,
Ihr hättet Euren Liebsten hier . . .
Frau Fluth: Ich bin verloren! Ratet mir!
Frau Reich: Unglückliche! So wär' es doch . . .
Frau Fluth (weinerlich): Ach ja – es ist –
(Leise, gesprochen.) Sprich lauter noch!
Frau Reich (schreiend): Ihr seid verloren, alle zwei!
Halb Windsor führt er schon herbei,
Und findet er den andern noch,
Sticht er ihn tot!
Frau Fluth (verzweifelnd): So helft mir doch!
Frau Reich (nach einigem Nachsinnen):
Seht, da steht ein Korb, just nicht zu klein,
Wir stecken da den Mann hinein.
Frau Fluth: Wie? Da hinein?
Frau Reich: Nur so entgeht er dem Geschick.
Frau Fluth: Ach Gott! Er ist ja viel zu dick!
Falstaff (kommt hervor): Laßt sehn den Korb geschwind!
Laßt sehn geschwind!
Frau Reich (sich erstaunt stellend): Wie! Ritter John?
Falstaff (ängstlich): Ja, süßes Kind!
Frau Reich: Wie? Ihr seid's, der mir ein Briefchen schrieb?

Falstaff macht Anstrengungen, um in den Korb zu steigen.

Auf dem Höhepunkt der Szene – Falstaff ist unter der Wäsche endlich verschwunden, der Deckel des Korbs mühsam zugemacht – hält das die wirblige Bewegung unterstreichende Orchester nach einem großen Crescendo inne: Frau Fluth ruft ihre Knechte. Dann gibt sie diesen die Anweisung, den Inhalt des Korbs in den wassergefüllten Graben zu leeren. Nun schildert das Orchester die Schadenfreude der beiden Frauen: das soll ihre Rache an Falstaff sein.

Frau Fluth nimmt mehrere Weiberröcke aus dem Kleiderschrank.

Falstaff: Ach ja, ich bin's, ich hab' dich lieb.
Ich will ja gern dein Ritter sein –
Frau Fluth (beiseite, lachend): Hahahaha.
Falstaff: Nur hilf mir in den Korb hinein!
(Er steigt hinein.) Ich will – ich muß – hinein!
Frau Reich (hift ihm): Es geht – so, so – hinein.
Frau Fluth (einen Weiberrock über ihn deckend):
Geschwind, geschwind!
Falstaff: O süße Fluth!
Frau Reich (deckt auch einen Rock über ihn):
Geschwind, geschwind!
Falstaff: O teure Reich! Ich lie –
Beide Frauen (ihn unterduckend): Hinein, hinein!
Und schweigt! Haha!
Nun, lieber Junker, freuet Euch!
Falstaff (noch einmal hervorguckend): Ich liebe Euch!
(Er verschwindet unter der Wäsche.)
Beide Frauen: Hinein!
Nun, lieber Junker, freuet Euch!
Frau Fluth (hinausrufend): He, Knechte!

NEUNTER AUFTRITT

Die Vorigen. Zwei Knechte mit Tragstangen.

Frau Fluth: Nehmt die Wäsche dort
Und tragt sie auf die Bleiche fort.
Da schüttet's in den Graben gleich!
Versteht ihr?
Frau Reich: Ihr schüttet's in den Graben gleich!
Beide: Hahahaha! Nun, lieber Junker, freuet Euch!
Die Knechte sind im Begriff, den Korb auf die Schultern zu heben.

Und dann bricht wie ein Sturmwind der eifersüchtige Ehegatte ein. Das Orchester rast, Fluth tobt, aber seine Gattin verliert ihre Ruhe nicht.

Eine tolle Szene beginnt, die Geist und Witz hat und die voll Abwechslung steckt; rasche Reden und Gegenreden; schwungvolle Ensembles, in denen jeder seinen eigenen Text, ja zum guten Teil eigene Rhythmen singt und das Ganze sich in einem wiegenden, fast walzerähnlichen Takt vereint.

ZEHNTER AUFTRITT

Die Vorigen. Herr Fluth. Herr Reich. Dr. Cajus. Junker Spärlich. Bürger. Frauen.

Fluth (wütend): Herein, herein! Kommt all' herein!
Ihr alle sollt zugegen sein!
He, Knechte, halt! Wo wollt ihr hin?

Frau Fluth: Fort, fort, und tragt's zur Wäscherin!

Die Knechte (tragen den Korb hinaus.)

Frau Fluth: Was willst du?

Fluth: Ha, Falsche!

Frau Fluth: Was willst du, du eifersücht'ger Mann?
Was gehn dich meine Körbe an?

Fluth (sie bei der Hand nehmend): Falsche! Jetzt wirst du ertappt,
Du hast dich lang genug verkappt!

Frau Fluth: Ach, liebes Männchen!

Fluth: Schlange, fort!

Reich (zu Fluth): Beruhigt Euch!

Cajus: Quel horreur!

Fluth: Kein Wort!
Hier sind die Schlüssel, kommt alle mit mir!
Wir finden ihn gewiß noch hier!

Herr und Frau Reich: Herr Nachbar, nehmt Vernunft doch an!

Cajus: Il est jaloux furieusement!

Frau Fluth: Nimm Vernunft doch an!
Ach, liebster Mann . . .

Spärlich (versinkt in Nachdenken.)

Fluth: Ein jedes Weib betrügt den Mann –

Chor: Welch eifersücht'ger Mann!

Spärlich (plötzlich von anderen Gedanken ergriffen, für sich): O süße Anna!

Fluth: Und setzt ihm tücht'ge Hörner an!

Alle gehen in verschiedene Türen ab, bis auf Frau Fluth und Frau Reich.

Kaum haben sich die wilden Jäger, die nach Falstaff fahnden, in alle Räume des Hauses verteilt, brechen Frau Fluth und Frau Reich, nun allein zurückgeblieben, in Lachen und Frohlocken aus: was für ein Spaß, für ein königlicher Spaß! Schade, daß er bald zu Ende sein wird! Das darf nicht sein: der dicke Sir John soll für den nächsten Tag noch einmal bestellt werden.

Das Orchester, zuletzt munter bewegt, gerät nun ins Stocken: die Suchenden kehren aus den Räumen des Hauses zurück: ohne Beute. Es klingt, als seien sie müde. Und natürlich enttäuscht. Da hat Frau Reich, der das ganze Spiel nun mehr Spaß macht, als sie vielleicht anfangs gemeint hatte, eine Idee: ihre »arme«, geplagte Nachbarin muß sich tief gekränkt, beleidigt, untröstlich stellen. Frau Fluth spielt mit –, und wie gerne! Sie läßt sich in einen Stuhl fallen und beginnt herzzerreißend zu schluchzen. Frau Reich macht Fluth heftige Vorwürfe: wie kann er »das arme, treue Herz« so quälen! Mit zwei Orchesterschlägen untermalt entfährt es ihr: »Tyrann!« Und sofort sind alle dabei, über Fluth herzufallen: Tyrann, Tyrann! Frau Fluth sieht nun den Erfolg ihrer Rolle und spielt sie bis zum Äußersten aus. Mit einem dreimaligen Seufzer lenkt sie ihre Klage in eine äußerst ausdrucksvolle, schmerzliche Klage: g-Moll (die traditionell zum Ausdruck der Schwermut verwendete Tonart, siehe z.B. Paminas große Arie in der »Zauberflöte«), Andante, weiche Streicherunter-

ELFTER AUFTRITT

Frau Fluth. Frau Reich.

Frau Fluth und Frau Reich (lachend): Hahahaha!
Frau Reich: Geht nur!
Frau Fluth: Sucht nur!
Beide: Ist das ein Spaß!
Ist das ein königlicher Spaß!
Geht nur und suchet noch ein Weilchen!
Frau Fluth: Der Junker Falstaff schläft heut naß.
Frau Reich: Ist das ein Spaß.
Und Nachbar Fluth kriegt auch sein Teilchen.
Frau Fluth: Doch damit ist es nicht genug,
Wir müssen ihn noch öfter prellen!
Frau Reich: Gewiß! So wollen wir ihn fein und klug
Auf morgen noch einmal bestellen.
Beide: Gewiß, ein Weib kann schlau und fein
Und doch dabei stets ehrlich sein!

ZWÖLFTER AUFTRITT

Die Vorigen. Herr Fluth. Herr Reich. Dr. Cajus. Junker Spärlich. Bürger. Frauen.

(Herr Fluth und die anderen Männer und Frauen kommen nach und nach wieder.)

Frau Fluth (beiseite): Da sind die Jäger wieder
Und haben nichts gejagt.
Frau Reich (heimlich zu ihr):
Nun setz dich weinend nieder
Und stell dich recht verzagt!
Fluth (zu einigen Männern): Nichts? . . .
Die Männer: Nichts! . . .

Frau Fluth hat sich weinend in einen Sessel geworfen.

Frau Reich (mit Frau Fluth beschäftigt, unterstützt sie):
So sagt doch, was Euch fehlet?
Frau Fluth (weinend):
Ich sterb' vor Gram und Schmerz!
Frau Reich (zu Fluth mit Vorwurf):
Ihr habt sie so gequälet,

malung –, wüßte der Hörer nicht, daß alles das nur Komödie ist, vorgetäuschtes Unglück, posierter Schmerz, er würde sicherlich genauso ergriffen sein und zu jeder Reue bereit, wie Fluth es nun ist. Ergriffen ist auch das gesamte Ensemble, Solisten wie Chor übernehmen die von Frau Fluth angestimmte Melodie:

(19)

Das arme treue Herz!
Da schaut die Ärmste an, Tyrann!
Alle (zu Fluth): Tyrann, Tyrann!

Frau Fluth (aufstehend): Ach, ach, ach,
Ach, einst in jenen Tagen,
Wo er mir Treue schwur,
Da kannt' ich keine Klagen,
Sein Herz war Liebe nur.
Doch blinde Wut beseelet
Ihn jetzt, o Pein und Not!
Der Eifersücht'ge quälet
Mich arme Frau zu Tod![1]
Er quälet mich zu Tod! *(Sie weint.)*
Fluth: Ich kam, ein Wild zu jagen,
Und finde keine Spur.
Frau Reich: Die Eifersücht'gen plagen
Sich selbst und andre nur.
Fluth: Der Teufel mußt' mich plagen –
Unglückliche Natur!
Frau Reich: Er kam, ein Wild zu jagen –
Frau Fluth (beiseite lachend) und Frau Reich:
Und findet keine Spur.
Frau Fluth: Ach, einst in jenen Tagen usw. usw.
Fluth: Die Eifersucht beseelet
Mein Herz – o Pein und Not!
Ihr falschen Weiber quälet
Uns arme Männer tot!
Die andern: Er kam, cin Wild zu jagen,
Und findet keine Spur;
Die Eifersücht'gen plagen
Sich und die andern nur.

[1] TV: Hier und im folgenden Vers anstelle von »Tod« auch »tot«.

Nun bittet Fluth seine Gattin um Verzeihung. (Es ist gewissermaßen das bürgerliche Gegenstück zum Finale aus »Figaros Hochzeit«, wo Graf Almaviva seine Rosina um Verzeihung anfleht, allerdings der aristokratischen Attitude wegen mit Kniefall oder besser gesagt: elegantem Kniebeugen.) Aber seine Frau ist nicht aus so weichem Holz geschnitzt (wie Rosina), sie bringt es fertig, die Komödie weiterzuspielen: was, der Ritter John solle bei ihr gewesen sein? Unerhört, entsetzlich ... Da gebe es nur eines: sofortige Scheidung! Und zu ihrer Unterstützung fallen alle Anwesenden – keine kleine Menge! – über Fluth her: die ganze Stadt soll es erfahren, was für ein Tyrann er ist, und wie ungerecht er seine arme, kleine Frau quält ... Es ist ein witziges, spritziges Finale, wie eine Lustspieloper es sich nicht besser wünschen kann.

Oh, wie er wütet,
Er quält die Frau noch tot.
Ach, Euer Zweifel quält
Die arme Frau zu Tod.[1]
Der Eifersücht'ge, wie er sie quälet
Und wütet ohne Not.

Fluth (demütig): Verzeih, mein liebes Weibchen!
Verzeih, ein Brief vertraute mir,
Es sei der Ritter John bei dir ...

Frau Fluth: Wie? Was? Entsetzlich!
Abscheulicher! Ich hab' es satt,
Nicht länger will ich leiden!
Erfahren soll die ganze Stadt,
Was man mit dir für Plage hat.
Noch heut laß ich mich scheiden.

Alle: Oho!

Frau Fluth: Noch heut laß ich mich scheiden.

Alle: Tyrann! Tyrann!

Fluth: Ach, der verwünschte Brief nur hat
Verursacht all dies Leiden.
So seid doch still – nun hab' ich's satt,
So schweig doch still, ich hab' es satt,
Du schreist ja auf die ganze Stadt!
Das sind die Eh'standsfreuden!

Frau Fluth: Erfahren soll die ganze Stadt,
Was man mit dir für Plage hat.
Ich – laß – mich scheiden!

Alle andern: Tyrann! Tyrann! Das alles hat
Sie unverdient zu leiden!
Erfahren soll die ganze Stadt,
Was sie mit Euch für Plage hat,
Mit Recht läßt sie sich scheiden.

(Frau Fluth fällt in Ohnmacht, Frau Reich und die anderen Frauen stehen ihr bei, alle Männer gehen ab. Herr Fluth rauft sich die Haare.)

[1] TV: Hier auch: die arme Frau noch tot.

(Ohne Musik setzt der zweite Akt mit längeren gesprochenen Dialogen ein. Hier können unterschiedliche Fassungen verwendet werden: die originale von Nicolai sowie eine andere, die dem Wiener Hofopernsänger Emil Scaria zugeschrieben wird, dem großen Wagnersänger, erstem Bayreuther Gurnemanz in »Parsifal«, erstem Wiener Wotan im »Ring des Nibelungen«, der sich in der Rolle des Sir John Falstaff sichtlich von den Wagner-Strapazen erholte. Wir bringen, als 1 und 2 bezeichnet, beide Fassungen, da sie beide Verwendung finden.)

(Gesprochene Dialoge)

ZWEITER AUFZUG

Spielt am Morgen des folgenden Tages.

Gastzimmer im Gasthause zum Hosenbande mit einer Tür im Hauptgrunde und zwei Seitentüren, wovon die rechts zu Falstaffs Zimmer führt. Im Hintergrunde eine Schenkbank mit aufgehängten bleiernen Henkelkrügen. Verschiedene Tische mit rohen Stühlen und Bänken.

ERSTER AUFTRITT
(1. Fassung)

Der Wirt. Herr Fluth.

Wirt: Nur herein, werter Herr Fluth! Ei, das ist ja eine Seltenheit!

Fluth: Danke, danke, mein guter Herr Wirt! Ich weiß es, Ihr seid ein braver Mann; ich möchte wohl ein Wort im Vertrauen mit Euch reden.

Wirt: Sprecht nur, worin kann ich Euch dienen?

Fluth: Wohnt Sir John Falstaff noch immer bei Euch?

Wirt: Ja, Herr, er liegt noch immer in meinem Hause auf der Bärenhaut und setzt meinen Fässern tapfer zu. Dies nebenan ist sein Zimmer, er wird wohl noch schlafen.

Fluth: So sprechen wir leise! Hört, lieber Wirt, Ihr waret ja gestern auch unter den Nachbarn, die in meinem Hause waren, als ich die – die – unangenehme Szene mit meiner Frau hatte.

Wirt (lächelnd): Ja, ich war auch Zeuge, daß wir niemanden bei ihr fanden.

Fluth: Ich kann mich aber damit nicht zufrieden geben, seht, und nun möchte ich ihm wegen der gestrigen Geschichte gerne selbst auf den Zahn fühlen. Meine Frau glaubt, daß ich heute morgen mit den andern auf der Vogelbeize bin; wer weiß . . .

Wirt: Immer noch eifersüchtig?

[1] Vgl. S. 169.

(Gesprochene Dialoge)

Fluth: Nachbar, das versteht Ihr nicht! Kurz, ich bitte Euch, mich dem saubern Junker unter einem fremden Namen vorzustellen!

Wirt: Kennt er Euch denn nicht?

Fluth: Nein, aber zum Überfluß will ich mich noch verkleiden. Ich bitte Euch, tut es, es soll Euer Schade nicht sein.

Wirt: Nun meinethalb! Es wäre mir selbst recht, dem alten Schlemmer, der mir schon so viel schuldig ist, was anzetteln zu können.

Fluth: So kommt in ein anderes Zimmer und helft mir, denn die Sache muß gleich vor sich gehen.

Wirt: Recht gern, werter Sir! *(Sie gehen ab in das Seitenzimmer links.)*

ZWEITER AUFTRITT
(1. Fassung)

Falstaff (tritt aus seinem Zimmer). Dann der Kellner.

Falstaff: He, Kellner! He, ist niemand da?

Kellner (tritt ein): Was befehlt Ihr, Sir?

Falstaff: Kannst du noch fragen, Schlingel? Siehst du nicht, daß ich aufgestanden bin und noch keinen Morgentrunk zu mir genommen habe? Flink, rühr dich und bringe mir mein gewöhnliches Frühstück!

Kellner: Gleich, Sir John. *(Er geht eilig ab und bringt sogleich einen großen Krug mit Wein und einen Humpen, den er auf den Tisch stellt; dann entfernt er sich wieder.)*

Falstaff: O, was habe ich erleben müssen, welch eine furchtbare Abkühlung war das! O Himmel, mich, den ehrenwerten Sir John Falstaff, auf die Bleiche tragen und in den Schlamm ausschütten, wie einen elenden Lappen. Wasser, abscheuliches Wasser, strömte mir in die Gurgel! O, es war entsetzlich! *(Er setzt sich und greift nach der Kanne.)* Komm her, alte Freundin, und mache mich die fürchterliche Strapaze vergessen! *(Er schenkt ein und trinkt.)* Was aber werd' ich nun unternehmen? Ich muß Künste ersin-

(Gesprochene Dialoge)

nen, ich muß mein Glück verbessern! Mit jenen schmucken Weibchen wäre das herrlich gegangen, denn beide haben steinreiche Männer und führen die Schlüssel zu den Geldkästen. Die sollten meine Schätze werden, und ich wollte sie brandschatzen! Aber nun? *(Er sinnt nach. Der Kellner tritt wieder ein mit einem Brief.)*

Kellner: Hier, Sir John, bringe ich Euch ein Briefchen, das eine Frauensperson soeben abgegeben hat.

Falstaff: Gib her! *(Der Kellner bleibt neugierig stehen; Falstaff fährt ihn an, worauf er erschrocken hinter die Schenkbank läuft, wo er sich zu schaffen macht. Falstaff öffnet den Brief.)* Von Frau Fluth? *(Ärgerlich)* Ach was, ich habe ihretwegen den ganzen Bauch voll Flut bekommen! Aber laß doch sehen! *(Er liest mit Mühe.)* »Ich bin untröstlich über Euren gestrigen Unfall! Doch seid verschwiegen und kommt heute wieder. Um 9 Uhr morgens geht mein Mann zur Vogelbeize fort, und dann . . .«
(In Ekstase.) Ha, siehst du nun, alter Hans?! Nur immer vorwärts! Schielen sie noch nach dir? Das verdankst du deiner wackern Figur, die du mehr in Ehren halten solltest, als du bisher getan hast! Vorwärts drauf! Die Weiber sollen meine Taschen wieder füllen.

Stimmen (von außen): Heda! Sekt her! Robert!

Anstelle der vorstehenden beiden Szenen ist die folgende Variante vielfach üblich:

ERSTER AUFTRITT
(2. Fassung)
Falstaff.

Falstaff (tritt aus seinem Zimmer): Kellner! Hol die Pest alle Liebesabenteuer und Weibertücken. – Wenn mich je wieder so eine Sirene verleitet, soll man mich

[1] Vgl. S. 169.

(Gesprochene Dialoge)

wie einen Hasen an den Hinterbeinen beim Wildhändler aufhängen. Kellner! – Wenn Ehrlichkeit nicht vom Angesicht der Erde verschwunden ist, so bin ich ein ausgenommener Hering! – Hol die Pest alle Weiber! – Kellner!

ZWEITER AUFTRITT
(2. Fassung)

Falstaff. Kellner.

Kellner (eintretend): Habt Ihr gerufen, Sir John?

Falstaff: Kannst du bei dem Gebrülle noch fragen, harthöriger Schlingel? Ich will dir die Ohren abschneiden und sie als Delikatesse nach Konstantinopel schicken. Hol Sekt, du Schuft!

Kellner: Ja, Sir John, aber erst, wenn Ihr die alten Schulden bezahlt habt.

Falstaff: Schulden bezahlen, das tue ich nie, das ist doppelte Arbeit. Wer Schulden bezahlt, dem sollte man mit einer Wagendeichsel einen Nasenstüber geben. Jetzt, Sklave, gehorche oder ich lasse die Klinge auf deinem Rücken tanzen, daß du glauben sollst, es sei des Teufels Fiedelbogen und du die Geige dazu. – Kerl, schaffe Sekt oder ich verdurste, ich verschmachte, ich schrumpfe zusammen wie ein gebratener Apfel und werde melancholisch wie ein Affenpintscher, hol Sekt, süßer Knabe!

Kellner: Nein!

Falstaff: Du Schuft, hole Sekt oder ich prügle dich in einen Flaschenhals hinein.

Kellner: Hört auf, Sir John, ich will noch welchen holen. *(Er geht ab.)*

Falstaff (allein): Oh, was habe ich erleben müssen, mich, den ehrenwerten Sir John Falstaff, auf die Bleiche tragen und in den Schlamm ausschütten wie einen elenden Lappen! Wasser, abscheuliches Wasser strömte mir in meine Gurgel. Oh, es war entsetzlich! Ich wäre ertrunken, wäre das Ufer nicht so seicht

(Gesprochene Dialoge)

und sandig gewesen. Wasser trinken! Brrr! Das schwellt den Menschen auf, und was für eine Figur wäre aus mir geworden, wenn ich noch in Schwellung geraten wäre!

Kellner (bringt Sekt und geht wieder.)

Falstaff (setzt sich und greift nach der Kanne): Komm her, alte Freundin, und mache mich die fürchterliche Strapaze vergessen! *(Er schenkt ein und trinkt.)* Was aber werd' ich nun unternehmen? Ich muß Künste ersinnen, ich muß mein Glück verbessern! – Mit jenen schmucken Weibchen wäre das herrlich gegangen, denn beide haben steinreiche Männer und führen die Schlüssel zu den Geldkästen. Die sollten meine Schätze werden, und ich wollte sie brandschatzen! – Aber nun? *(Er sinnt nach. – Der Kellner tritt ein mit einem Brief.)*

Kellner: Hier, Sir John, bringe ich Euch ein Briefchen, das eine Frauensperson soeben abgegeben hat.

Falstaff: Gib her! *(Der Kellner bleibt neugierig stehen; Falstaff fährt ihn an, worauf er erschrocken hinter die Schenkbank läuft, wo er sich zu schaffen macht. Falstaff öffnet den Brief.)* Wie? Von Frau Fluth? *(Ärgerlich.)* Ach was! Ich habe ihretwegen den ganzen Bauch voll Flut bekommen! Aber laß doch sehen! *(Er liest mit Mühe.)* »Ich bin untröstlich über Euren gestrigen Unfall! Doch seid verschwiegen und kommt heute wieder. Um neun Uhr geht mein Mann zur Vogelbeize fort und dann ...« *(In Ekstase.)* Ha, siehst du nun, alter Hans?! Nur immer vorwärts! Schielen sie noch nach dir? Das verdankst du deiner wackern Figur, die du mehr in Ehren halten solltest, als du bisher getan hast! Vorwärts drauf! Die Weiber sollen meine Taschen wieder füllen.

Stimmen von außen: Heda! Sekt her! Kellner![1]

[1] TV: Für »Kellner« auch »Robert«.

(Gesprochene Dialoge)

DRITTER AUFTRITT
(beide Fassungen)

Falstaff. Bürger, zur Vogelbeize gerüstet. Kellner.

Kellner: Ha, da kommen schon die Herren Bürger zum Morgentrunk. Guten Morgen, verehrte Herren!

Erster Bürger: Mach fort und bring uns eine Kanne guten Sekt!

Kellner: Sogleich, ihr Herren!

Falstaff: He, Robert, eine frische Kanne! *(Sie wird ihm gebracht.)*

Erster Bürger (zum zweiten): Ach, da sitzt ja der dicke Sir John, wegen dem Fluth gestern unnützerweise den tollen Spektakel machte. Wir wollen ihn anreden. *(Er tritt zu Falstaff.)* Ei, Herr Ritter, es freut mich, Euch wohlauf zu sehen.

Falstaff: Gleichfalls, gleichfalls! Tausend, ihr seid ja ordentlich ausgerüstet! Wo wollt ihr denn heut schon so früh hin?

Zweiter Bürger (hinzutretend): Wir ziehen heute früh alle auf die Vogelbeiz.

Mehrere Bürger: Wir auch!

Falstaff: Ach so! Und wollt ihr euch wohl zuvor mit einem guten Glas Sekt die Augen klar waschen? Na, da tut ihr recht, Jungens, denn Trinken, das hält den ganzen Menschen zusammen. – Na, auf gute Jagd! *(Er nimmt seinen Humpen.)*

Die beiden Bürger (ihre Becher ergreifend): Euer Wohlsein, Sir John!

Falstaff: Aber brav ausgeleert, ihr Maikäfer! *(Verächtlich.)* Ihr habt ja so nur Nußschalen zu Bechern!

Erster Bürger: Hoho, Sir John! Was Ihr vertragt, das kann ich auch noch prästieren!

Zweiter Bürger: Ich auch! – Drauf wollt' ich wetten!

Falstaff (aufstehend): So? – Meint ihr? – Also wer von uns am meisten trinkt, geht bei der Zeche umsonst aus!

Die beiden Bürger: Es gilt! Es gilt!

Falstaff (beiseite): Na wartet, das soll euch schlecht be-

(Gesprochene Dialoge)

Hier setzt die Musik ein und bringt eine der populärsten Melodien des Werks, ein Lied in echtem Singspielton, mit breiten schauspielerischen Möglichkeiten für einen Baß-Buffo:

kommen! *(Laut.)* Vorwärts also! Die ganze Kanne genommen, wie ich, und auf einmal ausgesogen!

Die beiden Bürger (holen ihre Kannen. Die andern treten mit herzu.)

Falstaff (seine Kanne in der Hand): Der Wein soll leben.

Alle: Hoch!

(Die andern trinken aus Bechern. Falstaff und die beiden Bürger leeren auf einen langen Zug ihre ganzen Kannen und machen die Nagelprobe. Der Kellner steht schon mit frischgefüllten Kannen bereit.)

Falstaff: Bravo! Na, ihr habt einen ganz passablen Zug! Wenn er nur aushaltig ist! – Wir werden ja sehen! – Ihr könnt doch noch?

Erster Bürger (zum zweiten leise): Kannst du noch?

Zweiter Bürger (bedenklich): Ich will's versuchen.

Erster Bürger (zu Falstaff): Ja, ja, wir können noch!

Falstaff: Also zum zweiten Gang! *(Sie tauschen die ausgetrunkenen Kannen gegen die frischgefüllten um.)* Nun aber ein lustiges Lied dazu, damit das Turnier ordentlich im Takt geschlagen werden kann!

Nr. 5. Lied

Falstaff: Als Büblein klein an der Mutter Brust,
Hoppheissa bei Regen und Wind,
Da war der Sekt schon meine Lust,
Denn der Regen, der regnet jeglichen Tag.
Komm, braune Hanne, her,
Reich mir die Kanne her,
Füll mir den Schlauch!
Lösch mir der Kehle Brand,
Trinken ist keine Schand',

Und mit einem Schuß musikalischer, stimmlicher Komik, wie besonders tiefe Töne sie anbieten:

(21)

Dieser letzte Ton, das tiefe E, gehört zu den tiefsten, die in einer Meisterpartitur Verwendung finden. (Mozart übertrifft ihn allerdings noch mit einem D, das er dem komischen Osmin der »Entführung« zumutet.) Dann fällt der Männerchor ein, zuerst mit kurzen Einwürfen, die die »Zeremonie« unterstreichen. Hier wird die männliche, so oft besungene »Heldentat« das Saufens aufs Korn genommen, besonders lustig, als der Chor dann einen »Trauermarsch« anstimmt, zu dessen Klängen er den bewußtlos betrunkenen Bürger hinausträgt.

In diesem Leichenträger-Marsch liegt eine überwältigende Komik, gerade weil die Musik sich so »ernst« gibt:

(Fortsetzung des Notenbeispiels S. 76)

Bacchus trank auch, ja,
Bacchus trank auch.
(Er spricht.) Nun! in Positur!
(Gesungen.) Haltet euch bereit!
Chor: Bereit!
Falstaff: Macht die Kehlen weit!
Chor: Weit!
Falstaff: Eins – zwei – und –
Chor: Drei!

Falstaff und die zwei Bürger trinken.

Chor: Bravo!

(Falstaff und der erste Bürger haben ausgetrunken, machen eine Nagelprobe und geben ihre Kannen an den hinter ihnen stehenden Kellner. Der zweite Bürger kann aber mit seinem Zuge nicht fertig werden, schluckt mehrmals, fängt an zu wanken und läßt endlich die Hand mit dem Kruge sinken, aus dem noch ein Rest Wein fließt.)

(Gesprochen.)

Zweiter Bürger: Es geht – nicht mehr! . . .
Einige Bürger (unterstützen ihn.)
Falstaff: Was sehe ich? Mann, erhole dich! –
Wahrhaftig, der Kerl ist schon hin! Tragt ihn hinaus und legt ihn auf den Rasen!
Einige Bürger (tragen den zweiten Bürger hinaus und singen dazu): Sie trugen einen hin, der trank,
Bis daß vom Wein er niedersank.
Gott Bacchus geb ihm sanfte Ruh!
Schlaf aus, du armer Zecher, du!

(22)

Dann folgen, nach Singspielart, wiederum gesprochene Dialoge. Und hierauf die zweite Strophe von Fallstaffs lustigem Lied, streckenweise »begleitet« von der schon stark angeheiterten Stimme eines Bürgers.

Falstaff (spricht): Nun, der hat für heute genug! *(Zum ersten Bürger.)* Und du, mein Freund, es kommt mir vor, als wolltest du auch etwas wacklig werden![1] Kannst du noch?

Erster Bürger (sehr heiter): Ja, ich kann noch!

Falstaff: Das ist brav! Wohlan denn, noch eine Kanne! Ich wollte, du hieltest noch lange Stich, denn was mich betrifft, mein Freund, siehst du ... *(auf seinen Bauch deutend),* da drin haben noch viele Kannen Platz!

Beide haben unterdessen schon zwei frische Kannen genommen.

Falstaff (singt): Und als ich vertreten die Kinderschuh',
Hopp heissa bei Regen und Wind,
Da schlossen die Mädel sich vor mir zu,
Denn der Regen, der regnet jeglichen Tag.
Und ist die Tasche leer,
Und wird die Flasche leer,
Kommt Würfel raus!
Glück ist ein spröder Gast!
Wer es beim Schopfe faßt, –

Erster Bürger (versucht mitzusingen, konfus, aber heiter):
Glück ist ein spröder Gast –

Vierter Bürger (zum ersten, spricht, ihn abhaltend): So schweig doch still!

[1] TV: »... als wolltest auch du etwas wacklig werden.«

Danach setzt der Chor wieder zum »Zeremoniell« ein, das Orchester begleitet das zweite Sauf-Duell: eine ununterbrochen chromatisch abwärts führende Melodie drückt sehr humoristisch Stimmung und Standfestigkeit des »ersten Bürgers« aus, der seine Kräfte im Saufen mit Falstaff mißt.

Kurz nach Leerung der Kanne bricht auch er zusammen. Falstaffs geringschätziges Urteil über »Unmäßigkeit«, »Völlerei«, sowie seine Feststellung, die Wette gewonnen zu haben, erfolgen bereits in Prosa.

Erster Bürger: Schopfe faßt –

Falstaff: Führt es nach Haus, ja,
Führt es nach Haus!

Falstaff (zum ersten Bürger, gesprochen): Kerl, du singst ja falsch wie ein Rabe! Nun, so halt wenigstens ordentlich Takt! – In Positur!
(Gesungen.) Haltet euch bereit!

Chor: Bereit!

Falstaff: Macht die Kehlen weit!

Chor: Weit!

Falstaff: Eins – zwei – und –

Chor: Drei! *(Nach dem Trinken.)* Bravo!

Falstaff und der erste Bürger (trinken aus in langem Zuge und reichen die geleerten Kannen dem Kellner zurück. Während des Trinkens schon nimmt Falstaff Würfel aus seiner Tasche und schüttelt damit. Unmittelbar nach dem Austrinken wirft er auch schon, indem er an den Tisch getreten ist und sagt): Gut stehn sie! Seht da, Jungens! Wer hält sechs Pence?

Erster Bürger (schon taumelnd, aber immer sehr heiter): Ich – halte – ich – *(Er nimmt die Würfel.)* Seht da – gut steh – *(Er fällt vornüber der Länge nach um.)*

Falstaff: Gut stehn sie! – Da liegt der Tölpel! – Fort aus meinen Augen mit diesem Belege von Unmäßigkeit und Völlerei! *(Der erste Bürger wird hinausgetragen.)* Aber vergeßt nicht, daß er fünfzehn Pence an mich verloren hat, denn Spielschulden sind Ehrensachen.

Dritter Bürger (Karikatur, hinkt, ist etwas bucklig und spricht im Diskant): Das muß wahr sein, Sir John, Ihr seid ein gewaltiger Held, und wir gestehen Euch nach Gerechtigkeit zu, daß Ihr die Zeche gewonnen habt! Es lebe Sir John!

Alle: Er lebe!

Vierter Bürger: Doch nun müssen wir machen, daß wir fortkommen, es wird sonst zu spät zur Vogelbeiz.

Dritter Bürger: Ja, gehen wir!

Alle gehen ab durch die Haustür.

Und in Prosa geht es weiter . . .

Falstaff (den Bürgern nachsehend): Ich wünsche euch, daß ihr lauter solche Galgenvögel, wie ihr selber seid, fangen und euch untereinander die Hälse umdrehen mögt! – Ist das ein schlechtes Gesindel! – Diese Heimchen wollen mit dem alten Hans um die Wette trinken! Diese Pfennigsgurgeln! – Wenn's nur bald Zeit wäre, zu der kleinen Fluth zum Stelldichein zu gehen! – Ha, ich fühle mich so wohl, so wohl!

VIERTER AUFTRITT

Falstaff.

Der Kellner mit einer Flasche Wein und zwei Gläsern.

Kellner: Verzeiht, Sir John! Ich soll Euch hier diese Flasche echten Madeira überbringen, die Euch ein Gentleman nebst seinem besten Gruße zum Morgentrunk anbieten läßt. *(Er stellt die Flasche, die er öffnet, und die Gläser auf den Tisch.)*

Falstaff: Wer ist es denn, mein Junge?

Kellner: Ein Kavalier, der sich Sir Bach nennt. Er sitzt im andern Zimmer und läßt um die Ehre bitten, Euch aufwarten zu dürfen.

Falstaff: Bäche von solchen Quellen laß ich mir gefallen! Leite diesen Bach hierher, mein Junge.[1]

(Kellner geht ab in das Seitenzimmer links.)

Falstaff: Es ist doch etwas Herrliches, einen günstigen, großen Ruf wie ich zu besitzen; alle Kavaliere drängen sich zu meiner Bekanntschaft. – Ha, da kommt er schon.

[1] TV: Dieser Satz lautet auch: Er soll kommen, mein Junge, er soll kommen.

Der als »Herr Bach« verkleidete Fluth betritt zeremoniös den Raum, die Musik macht sich über so viele höfische Verbeugungen lustig. Bei den ersten Worten zieht das Orchester sich auf gelegentliche Einwürfe zurück, wodurch die beiden Singstimmen starke Nuancierungsmöglichkeiten erhalten und der Text voll verständlich bleibt. Das ist auch notwendig, denn diese Szene wird zum Schlüssel des Kommenden. Musikalisch beschränkt Nicolai sich hier auf einen schnellen, pointenreichen Dialog der Singstimmen im Rezitativstil und eine äußerst sparsame Intervention des Orchesters. Herrn Fluths Rolle, bisher nur polternd eingesetzt, erfordert hier starke Charakterisierungskunst: je nachdem er – schmeichelnd und »bewundernd« – zu Sir John spricht oder zu sich selbst seine wahren, nicht eben schmeichelhaften Gefühl für seinen Gesprächspartner enthüllt.

FÜNFTER AUFTRITT

Falstaff. Herr Fluth

(Herr Fluth, als Bach verkleidet, tritt durch die Seitentür ein. Falstaff und Fluth machen sich gegenseitig steife Verbeugungen.)

Nr. 6. Rezitativ und Duett

Rezitativ

Fluth: Gott grüß Euch, Sir!
Ich bin sehr hochbeglückt, den großen, den weltberühmten Ritter
John Falstaff hier zu sehn!

(Gegenseitige Verbeugung.)

Falstaff (geschmeichelt): Oh! . . . Ihr beschämt mich!
(Beiseite.) Ein charmanter Mann!

Fluth: Mein werter Sir, ich war so dreist,
Euch einen Morgentrunk hierher zu senden.

Falstaff: Ist's Euch genehm, so trinken wir ihn gleich.

Fluth: Von Herzen gerne!

Falstaff schenkt ein, sie verbeugen sich gegeneinander.

Beide: Wohl bekomm' es Euch! *(Sie trinken.)*

Falstaff: Vortrefflich! – Doch wer seid Ihr, werter Sir?
Und was führt Euch zu mir?

Fluth: Ich heiße Bach.

Falstaff: Bach!

Fluth: Und bin ein Mann,
Der vieles durchgebracht.

Falstaff: Da habet Ihr, Herr Bach, es ganz wie ich gemacht.

Fluth: Doch bleibt mir noch ein gutes Sümmchen übrig,
Das ich nicht schonen will bei einem Unternehmen,
Zu dem ich Euern Rat erbitten möchte.

Falstaff: Ein Abenteuer?

Fluth: Ja, so ist's – und da Ihr, teurer Sir,
Als ein galanter Kavalier bekannt,
Den jede Frau erhört, so wend' ich mich an Euch.
Erfahret denn:
(Geheimnisvoll.) Ich bin verliebt zum Rasen

In eine Madame Fluth und muß die Frau besitzen,
Und wenn ich drüber sterben soll!

Falstaff (für sich): Ha, alle Wetter, das wird interessant!
Der kommt in mein Gehege!
(Laut.) Ich kenn' sie wohl, es ist ein liebes Weibchen!

Fluth (beiseite):
Du Höllenhund! *(Laut.)* Doch ist sie stets bewacht
Von ihrem eifersüchtigen Gemahl.
Kennt Ihr ihn auch?

Falstaff: Ich hab' ihn nie gesehn,
Doch sagt man allgemein, er sei ein ausgemachter Narr
Und habe sehr viel Geld.

Fluth (beiseite):
Die Pest in deinen Hals! *(Laut.)* Mein teurer Sir –
Weil dieses Weibchen mich durchaus verschmäht,
So bitt' ich Euch, probiert bei ihr das Glück!
Ihr seid ein feiner, ein sehr gewandter Mann,
Dem sie gewiß nicht widerstehen kann!

Falstaff (geschmeichelt): Ihr traut mir sehr viel zu –

Fluth (beiseite): Ja, jede Schändlichkeit!
(Laut.) Doch damit alle Mittel zu Gebote stehn,
Erlaubet Ihr mir wohl, den Beutel Gold
Euch zur Verfügung hier zu lassen . . .
(Er legt einen Beutel mit Gold auf den Tisch.)

Falstaff (für sich): Nun, das wird doch ein Esel sein.
(Zu ihm.) Herr Bach! Ihr seid ein wackrer Mann!
Ich zweifle nicht, das Weibchen zu erobern.

Fluth (heftig):
So, glaubt Ihr? – *(Sich fassend.)* Oh, das wäre herrlich!

Falstaff: Allein, was habt denn Ihr davon,
Wenn sie mich nun erhört?

Fluth: Das ist ganz einfach. Seht,
Sie deklamieret stets von ihrer Tugend;
Doch könnt' ich vor sie treten
Mit irgendeiner sicheren Entdeckung
Vom Gegenteil, so würd' auch ich erhört.

Falstaff: Ist's weiter nichts als das? Da helf' ich Euch sogleich!

Fluth (beiseite):
Ich komme um vor Wut! *(Laut.)* Wie das? Erkläret Euch!
Falstaff (lacht):
Hahahaha! Euch kann ich es ja sagen – so hört:
(Langsam und sehr selbstgefällig.)
Ich habe selbst seit ein'gen Tagen
Mit ihr ein zärtliches Verhältnis.
Fluth (auffahrend): Tod und Teufel!
Falstaff: Was sagt Ihr, Sir?
Fluth (sich fassend):
Ich sagt' ... ich hege keinen Zweifel *(freundlich)*
Und bin vor Freude außer mir!
Erzählt doch weiter!
Falstaff: Ich hatte gestern schon ein Stelldichein bei ihr,
Doch als wir eben im vertraulichen[1] Gespräch,
Da kommt ihr Mann, der Narr,
Der eifersücht'ge Kerl gelaufen
Mit einem ganzen Rudel Nachbarn. Weiß der Teufel,
Woher er Wind bekommen von der Sache;
Genug – er kam und tobt' und schrie
Umher, als wär' er toll.
Fluth (erstaunt): Als Ihr noch da war't?
Falstaff: Nun freilich! – Doch zum Glücke
War eben eine Freundin da,
Die des Verwünschten Ankunft eilig uns verriet.
Die lieben Weibchen, sie wußten schnell zu helfen
Und sie versteckten mich in –
Fluth: Nun?
Falstaff: In einem großen Waschkorb.[2]

[1] TV: Auch »vertraulichsten«.
[2] TV: Hier und im folgenden Vers: In einen großen Wäschkorb.

Und wieder geht, wie schon mehrfach früher, das Rezitativ unmerklich in eine feste, konsistentere musikalische Form über. Das Orchester wird dichter, die Stimmen melodischer.

Duett

Fluth: In einem Waschkorb?
Falstaff: Ja, Sir Bach, nun denkt Euch nur!
Die gewichtige Statur!
Eingepökelt lag ich drinnen,
Ganz bedeckt mit alten Linnen,
Bis der Themse schnöde Flut
Kühlte meiner Liebe Glut.
Ach, Sir Bach, bedenket nur,
Die gewichtige Statur!
Fluth: I! Das geht mir wirklich nah!
Traurig ist, was Euch geschah.
Ihr seid herzlich zu beklagen!
Alles das habt Ihr ertragen
Um die niedliche Frau Fluth?
Ei, was doch die Liebe tut!
Falstaff: Ja, denkt nur!
Fluth: Ei, was doch die Liebe tut.
Doch da ist wohl das Verlangen
Nach dem Weibchen Euch vergangen?
Falstaff: Ja beinah – denn hätt' ich Lust,
Läg' sie heut noch an meiner Brust.
Fluth (für sich): Himmel! Hölle! – Fassung! Ruh'!
(Freundlich.) Wie? So schnell kämt Ihr dazu?
Falstaff: Ja, ein Sieg ist leichte Mühe,
Wenn man so wie ich gefällt,
Und sie hat auf heute frühe
Mich schon wieder hinbestellt.
Dann wird ihr Mann, das Ungeheuer,
Auf die Vogelbeize gehn . . .
Ein Weibchen, fängt es einmal Feuer,
Bleibt nicht auf halbem Wege stehn!
Bleibt nicht so leicht auf halbem Wege stehn.
Fluth: Nun, Ihr geht doch hin, Sir John?
Falstaff (steckt den Beutel mit Geld ein):
Euch zuliebe tu ich's schon.
Fluth: Tausend Dank, mein werter Sir!
(Beiseite.) Walfisch! Das bezahlst du mir!

Sehr geschickt gesteigert nimmt das Duett immer schwungvollere Formen an. Nun sind – grotesker könnte es gar nicht gehen – Sir John und sein liebenswürdiger Besucher ein Herz und eine Seele. Ihre Stimmen verknüpfen, verschlingen sich immer enger, bis sie zuletzt gemeinsam singen.

Der seltsame Pakt ist geschlossen; es ist klar, daß die beiden Männer nun die gleiche unternehmungslustige Melodie anstimmen. Falstaff zuerst:

(23)

Mit Schwung und Eleganz übernimmt »Herr Bach« sie sogleich, wenn auch sein Text von dem Sir Johns ganz wesentlich abweicht, ohne daß dieser es hören darf. Und gleich darauf im übermütigen, wahrhaft urkomischen Duett. Wiederum ein Szenenschluß, wie er erheiternder nicht zu denken ist.

Falstaff: Zeit ist's schon zum Stelldichein,
Und das Täubchen wird schon spähen.
Beide (nacheinander): Heut wird alles besser gehen,
Und wir werden glücklich sein!
Welche Hoffnung! Welche Freude!
Nur geschwind zum Stelldichein!
Falstaff: Wie freu' ich mich, wie freu' ich mich,
Wie treibt mich das Verlangen!
Wir beide kriegen sicherlich
Das Weibchen noch zu fangen
Und drehen ihrem Ehemann
Ein paar gewalt'ge Hörner an.
Hahahahahaha!
Fluth: Ha! Wie freu' ich mich, wie freu' ich mich,
Wie treibt mich das Verlangen!
Ja heut[1] bekomm' ich sicherlich
Den saubern Herrn zu fangen;
Mit wahrer Wonne denk' ich dran,
Wenn ich dich tüchtig prügeln kann!
Hahahahahaha!
Beide: Wie freu' ich mich,
Wie treibt mich das Verlangen!
Wir beide kriegen sicherlich
Das Weibchen noch zu fangen!
Welche Hoffnung! Welche Freude!
Es ruft die Stunde schon zu ihr zum Stelldichein,
Wir werden sicher heute beide glücklich sein.
(Sie umarmen sich.)
Lebt wohl denn!
Fluth (ihn umarmt haltend, abgewandt):
Recht bald durchprügl' ich dich.
Falstaff (ebenso): Der Tölpel dauert mich!
Beide: Wir werden beide glücklich sein.
Die Stunde ruft zum Stelldichein,
Wir werden beide glücklich sein!
(Beide gehen ab.)

[1] TV: Auch »noch heut«.

Und komisch geht es, nach der Verwandlung, weiter. Nach einem kurzen Orchestervorspiel tritt Junker Spärlich in den Garten. Daß er keine ganze Phrase in einem Atemzuge singen kann, gehört zu seiner schüchternen Persönlichkeit:

(24)

Erst bei seinem Ausruf »O süße Anna!« scheint er sich einen Ruck zu geben (zu ermannen, würde man es bei einem anderen nennen, der mehr Männlichkeit besäße). Doch wie er sich selbst Mut zuspricht, zum Teil wieder in abgerissenen Worten, zum Teil in »energischen« Oktavsprüngen der Stimme, bietet, von einem sehr gewandten Tenor-Buffo gesungen, Gelegenheit zu einer wahrhaft lustigen Szene.

Verwandlung
Garten hinter Reichs Hause, welches den Hintergrund bildet Verschiedene Baumgruppen, wovon eine zu jeder Seite, ganz im Vordergrunde.

Nr. 7
Szene, Romanze, Duettino und Quartettino

SECHSTER AUFTRITT
Spärlich allein.

Szene

Spärlich (furchtsam auftretend):

Dies ist die Stunde, wo sie oft
Im Garten promeniert,
Vielleicht treff' ich sie unverhofft,
Wenn sie vorbeispaziert.
O süße Anna!
Nein, nicht länger will ich warten,
Bestürmen muß ich heut ihr Herz!
Courage, Spärlich, sei gescheit!
Herz, klopfe nicht so sehr!
Gewiß, sie sieht dein Herzeleid,
Sie widersteht nicht mehr.
Ich höre kommen,
Das wird sie sein . . .
Courage! – O Himmel, nein!
Nur schnell, husch, husch, husch, husch!
Ich krieche hinter diesen Busch.

(Er versteckt sich hinter dem Baum rechts im Vordergrunde.)

Kaum hat Spärlich sich hinter einem Busch versteckt, betritt, nicht weniger ängstlich und beklommen – mit der gleichen »stotternden« Phrase –, Dr. Cajus die Bühne. Auch er macht Pläne, spricht sich selbst Mut zu (mit den gleichen Oktavintervallen) und endet schließlich im Rezitativ, während er den Tapferen spielt und mit gezogenem Degen nach seinen Rivalen zu suchen vorgibt.

Da erklingt, und mit dem begleitenden Harfenklang sind wir wie in eine andere Welt versetzt, Fentons sehnsüchtig lyrische Stimme. Wütend, aber auch ängstlich versteckt sich nun auch Cajus. Die Bahn ist frei für eine große Liebesszene, die in keiner herkömmlichen Oper – und im formalen Sinne sind »Die lustigen Weiber von Windsor« eine solche – fehlen darf, auch wenn ihr »Held« ein grotesker Junker und ihr Inhalt vor allem komisch und übermütig ist. Fenton singt ein Ständchen für seine geliebte Anna; es ist zart und ausdrucksvoll instrumentiert, die Stimme in breiten Bögen geschwungen, voll Wohllaut und Schmelz, ein Liebeslied, das im Ohr haftet:

(Fortsetzung des Notenbeispiels S. 96)

SIEBENTER AUFTRITT

Spärlich versteckt. Cajus tritt auf.

Cajus: Der sein die Stunde, wo sik oft
Miß Reiken promeniert,
Kann ick sie treffen unver'offt
Wenn sie vorbeipassiert.
Ick werden sagen de ma propre bouche . . .

Spärlich: Er spricht von Busch – o weh, ich bin entdeckt!

Cajus (mit Bravour): Ick werden sagen: ßöne Reik!
Ick lieben gar ßu sehr!
Wo sein Rival, ick spießen gleik,
Ick swören par honneur!
Par exemple ce misérable Sperlik – wo stecken er – ick wollen ihm spießen wie eine Sperlink!
(Er zieht den Degen.)
Et ce gaillard de Fenton – ick wollen ihm . . .
Ick wollen ihm . . .

Fenton (singt in der Ferne):
Horch, die Lerche singt im Hain –

Cajus: Ciel! Qu' entends-je?
Monsieur Fenton sein ßur Stell –
(Er steckt den Degen ein.)
Da verstecken ick mir ßnell!
(Er versteckt sich hinter einem Busch auf der entgegengesetzten Seite von Spärlich.)

ACHTER AUFTRITT

Die Vorigen. Fenton.

Romanze

Fenton: Horch, die Lerche singt im Hain!
Lausche, Liebchen, still,
Öffne sacht dein Fensterlein,
Höre, was sie will.
Deutlich ist des Liedes Ton –
Wer da liebt, versteht ihn schon!

(25)

(Daß Nicolai trotzdem nicht an ein »Schlagerlied«, einen bejubelten Sologesang gedacht hat, dürfte aus der Tatsache hervorgehen, daß aus ihren Verstecken unmittelbar an Fentons letzten Ton die Stimmen Spärlichs und Cajus' vernehmlich werden, was diese Romanze zumeist um den –verdienten – Applaus bringt. Die zweite Strophe sowie einige gesprochene Worte Fentons werden zumeist gestrichen).

Spärlich (versteckt): Spare deiner Stimme Ton.
Anna liebt mich sicher schon!
Cajus (versteckt): Tiens! – den einen hätt' ick ßon!
Ick ermorden den Patron!
(Während der Romanze und des folgenden Duettino werden Spärlich und Cajus nicht sichtbar, nur beim Ritornell, wo sie singen.)
Fenton: Höre, wie der milde Klang,
Liebchen, sich zu dir erhebt!
Frage nicht, was der Gesang,
Teure, sehnsuchtsvoll erstrebt!
Deutlich ist des Liedes Ton,
Wer da liebt, versteht ihn schon.
Cajus und Spärlich (versteckt, wie oben.)
Fenton: Sie kommt noch nicht, und doch versprach sie mir, um diese Stunde im Garten zu sein. Vielleicht hat sie mich nicht gehört.[1]

[1] Meistens weggelassen.

Ännchen kommt gelaufen und wirft sich in Fentons Arme. Der Anfang des Duetts (von Nicolai als Duettino, also »kleines Duett« bezeichnet) ist vom Orchester fast rezitativisch gehalten.

Eine wahre, ganz von Herzen strömende Melodie setzt erst ein wenig später, bei Annas Treuegelöbnis ein:

(26)

NEUNTER AUFTRITT

Die Vorigen. Anna, aus dem Hause.

Duettino

Anna: Fenton!
Fenton (eilt ihr entgegen):
Mein Mädchen! Doch du hast geweint?
Anna: Ach, schwere Sorgen muß ich leiden,
Des Vaters Wort, der Mutter Wunsch
Will uns auf ewig scheiden –
Fenton: Und du? . . .
Anna: Ich habe keinen Willen . . .
Fenton: Wie? So entsagst du mir?
Weh mir! Du liebst mich nicht!
Wie soll ich das ertragen?
(Er verhüllt sein Gesicht.)
Anna (liebevoll): Fenton! Mein Fenton!
Kannst du zweifeln? Kannst du fragen?
Kennst du noch nicht meinen Sinn?
Muß ich dir noch einmal sagen,
Daß ich dein auf ewig bin?
Mag die Mutter mich beschwören,
Mag der Vater mich bedräun,
Dir nur soll mein Herz gehören,
Ewig bleibet Anna dein!

Fenton übernimmt Annas Melodie, sie begleitet seine Beteuerungen mit einer der seinen eng angeschmiegten Gegenstimme; es ist, als erklänge das Liebesduett aus einer italienischen Oper, zumal zuletzt beiden Stimmen, sowie einer begleitenden Solovioline, Kadenzen zugeteilt sind.

(Fortsetzung des Notenbeispiels S. 102)

Fenton: O verzeih des Herzens Zagen,
Keinen Zweifel hegt mein Sinn,
Kaum kann ich das Glück ertragen,
Daß ich dir so teuer bin.
Mir nur sollst du angehören,
Ewig ganz die Meine sein.

(27)

Dann schlägt die Szene andere Töne an: Anna erzählt von den beiden lächerlichen Bewerbern –, und die gucken nun abwechselnd aus ihren Verstecken hervor und singen mit, ohne vom Liebespaar entdeckt zu werden. Die beiden Jungen versichern einander immer hoffnungsvoller ihrer Liebe und Treue; immer hoffnungsloser werden die Einwürfe Spärlichs und Cajus'. Eine Zeitlang, bei einer großen Kantilene Annas und Fentons dürfen die beiden Rivalen den Hauptrhythmus mitsingen und so das Duett zum Quartett ergänzen. Mit Wechselgesängen der vier schließt das Musikstück. Jeder hat seinen eigenen Text: Anna und Fenton sprechen einander Mut zu, ermahnen sich zu Geduld, vertrauen fest auf die Zukunft; Spärlich singt von seiner Wut und Pein; Cajus droht wie immer mit Mord und Totschlag, wenn er Fenton erwische, der nur ein paar Meter von ihm entfernt steht und in Liebe hingegeben Schwüre und Umarmungen mit Anna austauscht . . .

Quartettino

Fenton: Bestürmen denn die läst'gen Freier
Dich immer noch mit Herz und Hand?
Anna: Ach, leider ja!
Fenton: Der dumme Fant,
Der Junker Spärlich, mit seinem ewigen
(Nachspottend.) »O süße Anna!«
Spärlich (hervorguckend): Ha, zum Geier!
Wer weiß, was er da von mir spricht!
Anna: Den hält mein Vater hoch und teuer,
Doch der bekommt mich sicher nicht!
Fenton: Und jener alberne Franzose ...
Anna: Den wünscht die Mutter sich zum Sohn! Hahahaha!
Cajus (hervorguckend): Ah! Ick verstehen quelque chose –
Ma foi! Ick müssen morden ßohn le traitre![1]
Fenton: Mit solchen Freiern, wie die zwei,
Wag' ich den Wettkampf ohne Scheu!
Anna: O solche Freier wie die zwei, hahahaha!
Anna, dann Fenton: Nur Geduld! Habe Mut,
Bis der Augenblick zu fassen.
Treue Liebe wird nicht voneinander lassen,
Alles geht noch gut!

[1] TV: Hier auch »Ick müssen morden sson ce traitre«.

Der Rest des Bildes besteht, nachdem Anna und Fenton mit ihrem letzten Ton abgegangen sind, aus der unverhofften Begegnung Spärlichs und Cajus' in gesprochenem Dialog. Mit Ausnahme von Spärlichs unvermeidlichem, musikalisch intoniertem, groteskem Ausruf: »O süße Anna!«

Spärlich (tritt unbemerkt hervor):
Welche Pein! Welche Wut!
Nicht mehr weiß ich mich zu fassen –
Süße Anna, ach, so willst du mich verlassen!
Es ist aus mein Mut!

Cajus (tritt unbemerkt hervor):
Sacre Dieu, welke Wut!
Krieg ick ce monsieur zu fassen,
Sans pardon er müssen gleik sein Leben lassen,
Geben hin sein Blut!

Anna und Fenton (eilen Hand in Hand ab).

Cajus (hervorkommend):[1] Ah! Ick 'ohlen ihn nock ein und wollen ihm eine 'erausforderung an seine Kopf werfen.

Spärlich (ist aus seinem Versteck hervorgekrochen und im Begriff, sich fortzuschleichen).

Cajus (sich umkehrend, stößt auf ihn): Ah! 'ölle und Teufel! Was maken Ihr 'ier? – Ah! Monsieur Sperlik – ick müssen Euk umbringen!

Spärlich (entfliehend): O süße Anna!

Cajus (ihm nacheilend): Wenn ick Euk treffen nock einmal in diese Garten von Miß Anna Reiken – mort de ma vie! –, ick wollen sneiden ab Eure Ohren – par tous les diables!

(Seine Stimme verliert sich in der Ferne.)

Verwandlung

Zimmer in Fluths Hause wie im ersten Akt, jedoch ohne Licht auf dem Tische und ohne den Korb.

[1] TV: Der Schluß dieser Szene wird oft weggelassen.

Nun sind wir wieder in Fluths Haus. Die beiden Frauen beraten erregt, was getan werden kann: Fluth hat Wind bekommen und eilt wiederum herbei, um dieses Mal den Verführer bestimmt zu erwischen. Die Komödie läuft nun nicht mehr ganz so, wie die unternehmungslustige Frau Fluth sie lenken wollte. Von »Herrn Bachs« Besuch bei Falstaff ahnt sie nichts, und noch weniger, daß dieser seinem Gast – ausgerechnet ihm! – die Geschichte mit dem Waschkorb erzählte . . .

(Gesprochene Dialoge)

ZEHNTER AUFTRITT

Frau Fluth und Falstaff treten auf; Frau Fluth riegelt hinter sich zu.

Falstaff: Liebe Frau Fluth! Euer eigener Kummer über meinen gestrigen Unfall lindert mein ausgestandenes Leid.

Frau Fluth: Ach, Sir John! Ich bin Euch wahrlich eine Entschädigung für den Schreck schuldig, aber glaubt mir, ich selbst habe genug ausgestanden!

Falstaff: Sind wir denn jetzt vor Eurem Manne ganz sicher?

Frau Fluth: Ganz sicher. Er ist mit seinen Freunden auf der Vogelbeize.

Falstaff: Nun, das ist herrlich! – *(Er setzt sich.)* So, nun komm her, mein süßes Täubchen! *(Er will sie an sich ziehen.)*

Frau Reich (draußen klopfend): Heda! Ho! Frau Gevatterin Fluth!

Falstaff (aufspringend): Alle Teufel!

Frau Fluth: Tretet hinter die Tapete, Sir John! *(Er tut es; sie öffnet die Tür.)*

ELFTER AUFTRITT

Die Vorigen. Frau Reich.

Frau Reich: Um Gottes willen, Frau Gevatterin, Ihr habt doch nicht wieder den dicken Ritter bei Euch?

Frau Fluth: Wieso? *(Leise.)* Er steckt schon da!

Frau Reich: Euer Mann hat wieder seinen Raptus bekommen. Er weiß die Geschichte mit dem Korbe von gestern, und wer darinnen steckte; er ist eben bei uns drüben und versichert meinem Mann, Sir John sei gerade jetzt wieder bei Euch. Die ganze Gesellschaft hat er von der Jagd abgehalten und wird wieder Haussuchung vornehmen.

Frau Fluth: Ach, ich Unglückliche! Der Ritter ist hier!

Frau Reich: So seid ihr beide Kinder des Todes! – Schnell fort mit ihm! Gott, was das für eine Frau ist!

Frau Fluth: Wo soll er hin? Wollen wir ihn wieder in den Korb stecken?

Falstaff (tritt hervor): Nein, ich will nicht wieder in den Korb! Kann ich nicht hinaus, bevor er kommt?

Frau Reich: Unmöglich, Ihr unvorsichtiger Mensch! Sie würden Euch in der Tür begegnen und umbringen.

Frau Fluth (die indes nachgedacht): Wenn Ihr in Eurer eigenen Gestalt hinausgeht, Sir John, so seid Ihr verloren. Könnten wir ihn nicht verkleiden?

Frau Reich: Lieber Himmel, es wird nicht gehen! Kein Weiberrock ist ihm groß genug, sonst könnte er so vielleicht entkommen.

Falstaff: Liebste Engel! Denkt euch etwas aus! Besser alles versucht als ein Unglück!

Frau Fluth: Die Muhme meiner Magd, die dicke Frau aus Brentford, hat einen Rock hier ... *(Auf das Seitenzimmer rechts deutend.)*

Frau Reich: Gottlob! Der wird ihm passen! Sie ist so dick wie er. Folgt mir, Sir John!

Frau Fluth: Geschwind, geschwind, macht fort!

Falstaff: Ja, eilen wir, liebste Frau Reich!

Frau Reich und Falstaff gehen in das Nebenzimmer rechts.

Frau Fluth: Wie nur mein Mann das alles erfahren hat? Das muß ich herausbekommen! – Nun, hoffentlich trifft er ihn in diesem Aufzuge. Er kennt zwar die dicke Frau aus Brentford nicht, aber da alle Welt von ihr sagt, sie sei eine Hexe und schlechte Person, so hat er verboten, daß sie je in unser Haus komme. Findet er sie, so wird er sie wohl tüchtig durchklopfen. Hahahaha! Das wäre herrlich! Aha! Da ist er schon!

Ohne erregtes Orchestervorspiel, leise und heimlich, aber sehr siegesgewiß tritt Herr Fluth ein. Und in gespanntem, aber äußerlich ruhigem Ton beginnt das Duett der Eheleute. Es wogt mit unterschiedlichen orchestralen Untermalungen hin und her, wird erst lebhaft, als Fluth das Haus durchsuchen und seine Gattin es ihm verwehren will. Der schönste Ehekrach beginnt, die Schläge, die Herr und Frau Fluth einander geben können, hagelt es im Orchester, die unsagbare Wut des Mannes tobt sich in den Instrumenten aus.

Die Gattin schürt dessen Zornesausbrüche noch durch Spott und Ironie. Sie muß ja nur Zeit gewinnen, um auch dieses Mal als Siegerin aus dem Kampf hervorzugehen –, wenn die Rechnung, die sie mit Frau Reich angestellt hat, aufgeht.

ZWÖLFTER AUFTRITT

Frau Fluth. Herr Fluth, den Degen in der Hand, verschließt hinter sich die Tür. Später zwei Knechte.

Nr. 8. Duett

Fluth: So! Jetzt hätt' ich ihn gefangen!

(Herr Fluth kommt langsam näher. Frau Fluth betrachtet ihn ruhig.)

Fluth: In der Falle steckt er schon!

(Seine Frau bei der Hand nehmend, mit verhaltenem Ingrimm.)

Gestern ist er mir entgangen –
Heute – heute –

Frau Fluth: Aber Mann!

Fluth (zwingt sie, zu schweigen): Heute! *(Selbstgefällig.)*
Heute kommt er nicht davon!

Frau Fluth (ihn aufziehend):
Hast schon wieder deine Grillen?

Fluth: Heute!

Frau Fluth: Fängt der Lärm von vorne an?

Fluth: Heute!

Frau Fluth: Hör doch auf, um Gottes willen,
Toller, eifersücht'ger Mann!

Fluth (will in das Nebenzimmer links gehen):
Jetzt will ich doch einmal sehen . . .

Frau Fluth (sich vor die Tür stellend):
Keinen Schritt laß ich geschehen!
Das Durchstöbern leid' ich nicht!

Fluth (heftig): Das sagst du mir ins Gesicht?

Frau Fluth: Ja!

Fluth: Ungetreue! *(Er will hinein.)*

Frau Fluth (hält ihn fest): Ungeheuer!

Fluth: So verwegen!

Frau Fluth: Ungeheuer! Man sollte dich in Ketten legen, Ungeheuer!

Fluth: Lasse mich!

Frau Fluth: Keinen Schritt!

Der Zufall kommt ihr zu Hilfe: die Knechte kommen mit dem Wäschekorb und wollen ihn ins Freie tragen!

Nun ist die Musik wieder ruhiger geworden, Fluth meint ja, Herr der Situation zu sein. Nun versucht er, der Überlegene, der Ironische zu sein. Gleich wird er den Nebenbuhler haben und ihm sein Abenteuer gründlich heimzahlen! Ach so, die

Fluth: Lasse mich! Oder ich ... ich ... *(sich losreißend)*
Ich morde dich!
Frau Fluth (lacht): Hahahahaha!
Fluth (ihr wütend nachspottend): Hahahahahaha![1]
Lache nur! Du falsche Schlange!
Frau Fluth: Tobe nur! Mir ist nicht bange,
Oh, es kocht in mir schon lange!
Fluth: Warte nur, fühlen sollst du meine Wut!
Frau Fluth: Laß heraus nur all deine Wut!
Ich kenne schon lange
den *(hohl)* grimm'gen Herrn Fluth.
Fluth (schnaubend): Du sollst sehen, was ein Mann,
Der gereizt ist, alles kann!
Frau Fluth: Wie die Eifersucht den Mann
Doch so ganz verwirren kann!
Fluth: Warte nur, du falsche Schlange,
Es ist schon gut,
Höre meiner Rache Schwur ...
Frau Fluth: Oh, zu deiner Rache Schwur
Lach' ich nur!
Fluth: Lache nur!
O! Es kocht in mir schon lange!
Warte nur, usw.
Fühlen sollst du meine Wut!

Die beiden Knechte kommen in diesem Augenblick mit dem Waschkorb, in welchem Wäsche liegt, aus dem Nebenzimmer links.

Frau Fluth: Oh, schön! Die kommen grad' gelegen!
Fluth (zu den Knechten):
Halt! Ihr Schurken, bleibet stehen!
(Zu seiner Frau.)
Diesen Korb werd' ich besehen! ...
(Zu den Knechten.)
Stellt ihn auf die Erde nieder! So!
(Er läßt den Korb hinstellen.)

[1] TV: Von hier bis zum Einsatz von »Fluth (schnaubend)« oft weggelassen.

Knechte! Die stehen noch vor der Tür, die er verschlossen, deren Schlüssel er eingesteckt hat. Die Musik unterbricht ihren Fluß zu einem Rezitativ: so, jetzt sind sie draußen! Nun kann das Durchstöbern des Korbs beginnen. Fluth zwingt sich zur äußersten Ruhe und will seine Rache »kalt« genießen (wie sie bekanntlich am besten schmeckt) –, aber dazu ist sein überschäumendes Temperament nicht imstande. Und so steigern Orchester und Stimme sich sehr schnell:

Die Knechte wollen sich durch die Haupttür entfernen, an der sie, dieselbe verschlossen findend, stehenbleiben.

Fluth (sich zu seiner Frau kehrend):
Warum wirst du so verlegen?

Frau Fluth: Ich?

Fluth (ironisch): Schickst wohl auf die Bleiche wieder?

Frau Fluth (keck): Nun freilich!

Fluth: Ha! Ein saubres Zeug!
Wart! Ich wasch' es dir sogleich!
(Die Knechte wieder bemerkend.)
Na, was steht denn ihr noch da? Maulaffen!
(Sich besinnend.)
Ja so! – die Tür hab' ich verschlossen.
Marsch, hinaus mit euch!
(Er läßt die Knechte hinaus und verschließt wieder.)
(Heroisch.) Jetzt will ich deinen saubern Junker
Ein wenig auf die Bleiche schicken!
Ja! – Bleich will ich ihn machen!

(Mit einem Ansatz stürzt er auf den Korb und beginnt die Wäsche Stück für Stück herauszureißen und umherzuwerfen.)
Heraus, heraus, du Schuft!

Frau Fluth: Haha, der tolle Mann!
Wie er nur so was glauben kann!

Fluth: Ich weiß, er steckt darin!
(zieht den Degen.) Ha, deine letzte Stunde ruft!

Zuletzt tobt Fluth, aber sein Degen stößt ins Leere: heute befindet sich Sir John nicht im Korb. Er muß den ganzen Spott seiner Gattin über sich ergehen lassen. Das Orchester hat nach dem letzten Höhepunkt wieder ein wenig innegehalten, bis es bei Fluths Entschluß, nun das ganze Haus zu durchsuchen, wieder in Erregung gerät, und auch die Stimmen prallen von neuem hart aufeinander, wütend die seine, lachend die ihre.

(Er stößt mit dem Degen in den Korb.)
Verräter! So fahr denn hin! Hin! Hin!
Frau Fluth (lacht):
Ganz recht, ganz recht! Stoß zu, stoß zu
Und fördere ihn zur ew'gen Ruh! Hahahahaha!
Fluth (fühlt, daß er auf nichts gestoßen hat, und guckt in den Korb): Und dennoch weiß ich sicherlich,
Der dicke Kerl stak gestern drinnen!
Frau Fluth (zuckt die Achseln.)
Fluth: Hier ist er jetzt! – Wo ist er? Sprich!
Frau Fluth (schweigt und zuckt die Achseln.)
Fluth (sich mit Gewalt zähmend):
Ich bitte dich! Weib, bring mich nicht von Sinnen!
Frau Fluth lacht ihm ins Gesicht.
Fluth: Ich find' ihn doch, den Bösewicht!
Das ganze Haus kehr' ich noch um!
(Er will in das Seitengemach rechts.)
Frau Fluth (stellt sich ihm entgegen):
Ich bin die Frau! Ich leid' es nicht!
Fluth: Lasse mich! Zurück! Zurück, sag' ich!
Ich bring' dich um.
Frau Fluth: Hahahahaha!
Fluth: Warte nur!
(Schnaubend.) Du sollst sehen, was ein Mann,
Der gereizt ist, alles kann!
Frau Fluth: Wie die Eifersucht den Mann
Doch so ganz verwirren kann!
Fluth: Warte nur, du falsche Schlange,
Es ist schon gut!
Höre meiner Rache Schwur . . .
Frau Fluth: Oh, zu deiner Rache Schwur
Lach' ich nur!
Fluth: Lache nur! O! Es kocht in mir schon lange.
Warte nur, lache nur!
Fühlen sollst du meine Wut!
(Es wird an die Tür geklopft.)

Pochen an der verschlossenen Tür unterbricht den hitzigen Kampf der Eheleute: die »Helfer« kommen, die Fluth auch heute wieder bestellt hat: Reich, Spärlich, Cajus. Vor deren aufgeregtem Eintreten kommt Fluth ein wenig zum Atemholen. Nein, den frechen Abenteurer habe er noch nicht gefunden, da seine Frau sich seinem Suchen widersetze. Aber nun, mit Hilfe der Freunde . . .

Und plötzlich wird Frau Fluth nachgiebig: wenn er wirklich suchen wolle – bitte! Und ruft mit der ruhigsten Stimme der Welt – auf einen lange liegenden leisen Orchesterakkord – ins Nebengemach, Frau Reich möge ohne Furcht herauskommen und die »alte Frau« aus dem Hause geleiten . . .

Da nun der Text wieder äußerst wichtig wird, ist die folgende Szene im Rezitativ, mit wenigen Einwürfen des Orchesters in den Sprechpausen behandelt. Frau Fluths Komödie ist perfekt, überzeugt, ja rührt alle, als sie die Umstehenden bittet, die »alte Frau« nicht von ihrem wütenden Gatten prügeln zu lassen . . .

Nr. 9. Finale

Fluth: Wer klopft?
Spärlich, Cajus und Reich (draußen):
Macht auf, Herr Fluth!
Wir sind's, die Ihr bestellt.
Fluth: Aha! Ich komme! Herein, herein!
(Er öffnet ihnen, ohne wieder zu verschließen.)

DREIZEHNTER AUFTRITT

Die Vorigen. Reich. Cajus. Spärlich.

Fluth: O Freunde, was ich leiden muß
Von diesem ehrvergeßnen Weibe!
Frau Fluth setzt sich ruhig hin.
Reich: So habt Ihr ihn gefunden, Nachbar?
Fluth: Noch nicht! Sie widersetzt dem Suchen sich –
Allein umsonst! Die Jagd soll gleich beginnen!
Cajus (umherblickend):
Oh ciel! Quelle chose épouvantable!
Er 'aben ankeriktet eine ßöne ordre!
Fluth: Ihr habt mich gestern ausgelacht,
Drum sollt ihr heute Zeugen sein
Von meiner fürchterlichen Rache!
Frau Fluth: Nun denn, ins Himmels Namen,
Ich will nicht länger widerstreben,
Durchsuch das Haus; ich unterwerfe mich.
(Sie steht auf und ruft in die Tür rechts.)
Kommt doch heraus, Frau Nachbarin,
Und bringt die alte Frau mit!
Mein Mann will in das Zimmer gehn.
Fluth: Was für 'ne alte Frau?
Frau Fluth: Die Muhme unsrer Magd ist's,
Die dicke Frau aus Brentford.
Fluth: Die Hexe die, die Vettel?
Hab' ich ihr nicht das Haus verboten?
(Er nimmt einen Stock.)
Frau Fluth: Ich bitte dich, mein lieber Mann!
(Wie gutmütig.) Ach, liebe Herren Nachbarn,
Laßt doch die alte Frau nicht schlagen!

Dann wird die Musik ganz harmlos, freundliche Begleitung zu einer ganz unschuldig-belanglosen Szene: Frau Reich geleitet die »Muhme« sanft durch den Raum. Nur Fluth ist aufgebracht: was macht die da? Hat er ihr nicht das Haus verboten? Nun, die soll nie wiederkommen! Und so beschleunigt er ihren langsamen Auszug aus seinem Hause mit dem Stock ... Eine wenigstens kleine Genugtuung für den Hausherrn, wie er meint. Eine ungleich größere für die beiden »lustigen Weiber«, die sich vor Lachen kaum zu fassen wissen und es zurückhalten müssen, um Mitleid mit der »armen, alten Frau« zu heucheln. Da auch die anderen Anwesenden sich immer lautstarker an der Szene beteiligen, entsteht ein überaus lustiges Ensemblestück, zu dem das Orchester mit Läufen und Akzenten stärkste Unterstützung liefert.

Fluths Genugtuung darüber, den »alten Drachen fortgeprügelt« zu haben, wirkt grotesk: und so läßt Nicolai sie ihn in einem Rezitativ äußern, in dem jedes Wort genau den rechten Ausdruck bekommen kann. Und ebenso gibt er nun den Auftakt zur »Jagd« auf Falstaff. Wieder muß man bewundern, wie das Rezitativ allmählich, unmerklich, eine Orchesterbegleitung erhält, die den Eintritt aller Stimmen stützt und mit immer festerer Hand ein neuerliches witziges Ensemble gestaltet. Die Frauen wissen sich, nun völlig außer Gefahr, vor Übermut kaum zu fassen, Frau Fluths helle Sopranstimme

VIERZEHNTER AUFTRITT

Die Vorigen. Falstaff als alte Frau gekleidet. Frau Reich.

Frau Reich: Stützt Euch, Mutter Klatsch, auf mich,
Ich geleit' Euch bis zur Tür.
Fluth: Was? Mutter Klatsche nennt sie sich? Klatsche –
Frau Fluth: Bravo!
Fluth: Klatsche geben will ich ihr!
(Zu Falstaff.) Rede Sie, was führt Sie her?
Will Sie wieder Karten schlagen? He?
Falstaff (die Harthörige spielend, in der Fistel.)
Was sagt Ihr, Herr? Ich höre sehr schwer.
Fluth: Prophezeien? – Brieflein tragen
Und die Leute hintergehn? He?
Falstaff (wie oben): Ach, ich kann Euch nicht verstehn!
Fluth (wütend): O Hexe! Sie kann mich nicht verstehn?
(Er prügelt Falstaff.)
Hinaus, du Hexe! Du Vettel! Hinaus! Da!
Falstaff: Au! Au! Au!
Die beiden Frauen:
Haha! Wohl bekomme dir der Schmaus!
Spärlich, Cajus, Reich: Fort mit ihr! Hinaus!
Falstaff: Au! Au! Au!
Spärlich, Cajus, Reich: Und wohl bekomm' der Schmaus!
Falstaff wird hinausgeprügelt.

FÜNFZEHNTER AUFTRITT

Die Vorigen ohne Falstaff.

Fluth: So! Fortgeprügelt wär' der alte Drachen,
Nun lasset uns die Runde machen!
Und find' ich heut den Junker nicht,
So nennt mich alle einen Wicht!
Fluth, Reich und Spärlich:
Schärft die Augen! Spitzt die Ohren!
Wer ihn findet, halt ihn fest!
Cajus: Oui. Attention! – Ick 'alten fest!
Fluth, Reich und Spärlich: Sicher ist er heut verloren,
Wenn er sich erwischen läßt.

führt mit Koloraturen und Spitzentönen den aus vielen verschiedenen Rhythmen zusammengesetzten Tonschwall siegreich an, Frau Reich sekundiert ihr wirkungsvoll, Fluth feuert seine Helfer immer aufgebrachter zu wachsamem Suchen an, Reich sieht das Ganze besonnener, fast bedauernd, daß sein Nachbar und Freund Fluth sich so von seinem »Gift und Groll« hinreißen lasse. Nicolai zeigt, daß er nicht umsonst in die Schule der italienischen Opernkunst gegangen ist. Er steigert das Ensemble tempo- und bewegungsmäßig immer mehr, so daß eine geradezu italienische »stretta« entsteht, die in toller Laune dem Zuschauer doppelte Freude bereitet: die rein musikalische und die Schadenfreude, da ja – außer den vier Männern auf der Bühne – das ganze Theater längst weiß, daß Falstaff wieder einmal entkommen ist und die wilde Aufgeregtheit, die Fluth so urkomisch anführt, genauso enden muß wie zu Ende des ersten Aktes: mit einer Riesenblamage für ihn. Und so malt das Orchester nicht nur dessen Wut und blinde Eifersucht, sondern auch mit überlegener Ironie die Sinnlosigkeit der gewaltigen Erregung, die niemanden zu Atem kommen läßt: die »lustigen Weiber« allerdings vor beinahe unverhohlener Freude. Ihr Plan ist abermals gelungen. Nicht nur Falstaff hat – durchaus verdiente – Prügel erhalten, auch Fluths tobender Eifersucht wird in wenigen Augenblicken ein – ebenso verdienter – Dämpfer aufgesetzt werden . . . Was wollte man noch mehr?

Die Frauen: Lachen muß man ob des Toren,
Der so leicht sich foppen läßt.
Cajus: Jedermann sein 'eut verloren,
Der von mir sick fassen läßt!
Alle außer Cajus: Schärft die Augen! Spitzt die Ohren!
Wer ihn findet, halt ihn fest!
Cajus: Oui, ick spitzen meine Ohren!
Attention! – Ick 'alten fest!
Alle außer Cajus:
Ha, { ich / weiß / er } vor Gift[1] und Groll
Nicht mehr, was { ich / er } beginnen soll.
Cajus: Jalousie mir macken toll,
'eraus nun sollen meine Groll!
(Die Männer gehen eilig zu beiden Seiten ab.)

[1] »Gift« wird am Ende von allen außer Fluth durch »Eifersucht« ersetzt.

(Gesprochener Dialog)

DRITTER AUFZUG

Zimmer in Reichs Hause mit zwei Türen im Hintergrunde.

ERSTER AUFTRITT

Herr und Frau Fluth, Herr und Frau Reich und Anna sitzen an der Tafel, auf der das Mittagsbrot gemeinschaftlich verzehrt worden ist. Ein zweiter Tisch, auf dem Schreibmaterialien.

Fluth (zu Füßen seiner Frau): Liebster Engel, wirst du mir jemals vergeben können?

Frau Fluth: Steh auf, lieber Mann! Es ist alles vergeben und vergessen, wenn du nur nicht mehr eifersüchtig bist.

Fluth: Nie mehr!

Reich: Nun, das ist herrlich! Seht, zu dieser Aufklärung und Versöhnung habe ich euch eigentlich bei mir versammelt! Und an dich, Frau, hat der alte Sünder auch geschrieben?

Frau Reich: Ja, an uns alle beide, und zwar ganz dieselben Briefe. Da beschlossen wir, uns an ihm zu rächen und zugleich Herrn Fluth wegen seiner Eifersucht eine kleine Lektion zu geben.

Fluth: Nun, sie ist stark genug ausgefallen!

Reich: Mein' Seel', ihr Weiber! Ihr habt's gescheit gemacht! Aber nun ist es erst unsere Sache, den fetten Burschen öffentlich zu beschämen. Ihr müßt ihn noch einmal bestellen!

Fluth (auf Frau Reich deutend): Kein besseres Mittel gibt es als ihren Plan.

Reich: Was? Ihn bestellen sollen sie um Mitternacht in den Park? Er kommt uns nimmermehr!

Frau Fluth: Sinnt ihr nur aus, was ihr mit ihm alles tun wollt, wenn er kommt, wir beid' ersinnen schon, ihn hinzuschaffen.

Frau Reich: Hört mich an.

Der Plan Frau Reichs, Falstaff noch ein drittes Mal zum Stelldichein zu laden – in den mitternächtlichen Park –, gibt Anlaß zur »Ballade«, die diese nun singt: vom legendären Jäger Herne, der in grauer Vorzeit im Wald von Windsor einen Hirsch verfolgte und diesen tötete, obwohl sich das Tier in den Schutz der heiligen Eiche geflüchtet hatte, in deren Umkreis jedes Lebewesen unantastbar war. Zur Strafe muß nun der Jäger Herne weiter durch alle Zeiten hin um jede Mitternacht hier jagen, mit einem riesigen Hirschgeweih an der Stirn. Leider gehört dieses Musikstück nicht zu den stärksten Einfällen der Partitur (und wird deshalb auch oft gestrichen).

(29)

Nicolai schrieb die Ballade wohl aus mehreren Gründen: einmal um der bis dahin ein wenig vernachlässigten Frau Reich eine Chance zu geben, auch – wie ihre Nachbarin – Sonderapplaus zu holen; andererseits, weil solche Stücke, die man fast als »Einlagen« bezeichnen kann (da sie zur Dramatik nichts beitragen), in der deutschen romantischen Oper eingebürgert waren: Man denke an Ännchens Traumerzählung von der »seligen Base« im »Freischütz« Webers, die es zu großer Popularität brachte.

Nr. 10. Ballade[1]

Frau Reich:

Vom Jäger Herne die Mär ist alt,
Der jagen ging in Windsors Wald
Tagaus, tagein
In die Nacht hinein,
Tagein, tagaus
Mit Saus und Braus.

Einst hetzt' er den Hirsch mit stolzem Geweih
Mit Hussa- und mit Hallo-Geschrei;
Der floh zur heiligen Eiche,
Daß nicht der Tod ihn erreiche.

Doch jener, wild und ungeschlacht,
Gab auf kein heilig Zeichen acht:
»O Herne! Du hast ihn erschlagen,
Nun sollst du jagen und jagen!«

Vom Jäger Herne die Mär ist alt,
Der jagen muß durch Windsors Wald
Nachtaus, nachtein
Bis zum Morgenschein,
Nachtein, nachtaus
Mit Saus und Braus.

Er trägt auf der Stirn des Hirschen Geweih,
Und grausig schallt sein Hallo-Geschrei.
»O flieh die heilige Eiche,
Daß nicht der Tod dich erreiche!«

Denn schlägt die Glocke Mitternacht
Und steigt empor des Mondes Pracht,
Naht Herne mit seiner Meute,
Und alles fällt ihm zur Beute!

[1] Bleibt oft fort.

(Gesprochene Dialoge)

Reich: Gut, liebe Frau, und was gedenkst du zu tun?

Frau Reich: Falstaff soll auf unsere Einladung heute nacht als Jäger Herne erscheinen.

Die Männer: Bravo, bravo! Und dann?

Frau Fluth: Dann verkleiden wir Annchen und viele unserer Bekannten, auch die Kinder, als Geister und Elfen und legen sie in den Hinterhalt versteckt. Wenn wir beide uns dann eben mit Falstaff zusammengefunden haben, so stürzt die ganze Rotte hervor auf ihn mit gellendem Geschrei; wir entfliehen, und sie umzingeln ihn und zwicken und stechen ihn und fragen den sauberen Ritter, wie er es wagte, in solcher Verkleidung die Geister zu belauschen.

Frau Reich: Sein Aberglaube und noch mehr das böse Gewissen werden zu seinem Schreck das meiste beitragen.

Reich: Und bis er alles bekennt, kneifen und brennen sie ihn tüchtig.

Fluth: Bravo, bravo! Ich übernehme es, die ganze Rotte zusammenzubringen.

Frau Reich: Annchen soll die Rollen verteilen.

Reich: Ich selbst will mich auch verkleiden; ihr sollt euch alle wundern! Schickt ihr nur sogleich zu Falstaff.

Frau Fluth: Das sei unsere Sache.

Fluth: Ich gehe selbst als Bach verkleidet noch einmal zu ihm und versichere mich, daß er kommt, denn seinem Busenfreunde Bach vertraut er alles!

Frau Reich (zu den Männern): Und daß ihr nur nichts spart! – Die Elfen und Feen müssen wie wirkliche Geister leicht und luftig sein und die Täuschung so groß, daß er sich für verzaubert halten muß.

Frau Fluth: So kommt und laßt uns eilig alle Vorbereitungen treffen, das wird noch ein köstlicher Spaß![1]

Alle gehen ab bis auf Frau Reich und Anna.

[1] TV: Auch »der köstlichste Spaß«.

(Gesprochene Dialoge)

ZWEITER AUFTRITT

Frau Reich. Anna.

Frau Reich: Und nun, liebes Kind, ein inhaltschweres Wort zu dir!

Anna: Was befehlt Ihr?

Frau Reich: Du weißt es, daß der Doktor Cajus dich liebt, und ich wünsche, daß er dein Gatte werde.

Anna: Ich weiß es.

Frau Reich: Der Spuk, den wir verabredet haben, soll meinen Plan zu Ende führen, und noch heute nacht sollst du mit Cajus getraut werden.

Anna: Wie wäre das möglich?

Frau Reich: Du kleidest dich als roter Elf an; ich werde dir das Gewand bringen und Doktor Cajus davon benachrichtigen, damit er dich erkennt. Er soll auch verkleidet erscheinen und dich während des Trubels entführen. In der Kapelle im Walde wird eure Trauung dann sogleich vollzogen.

Anna (freudig für sich): Himmel, welch ein Strahl von Hoffnung! *(Laut.)* Wenn es nur gelingt!

Frau Reich: Oh, es wird alles nach Wunsch gehen.

Anna: Nun, das Meinige will ich dazu tun und als roter Elf erscheinen.

Frau Reich: So ist es recht, meine Tochter! Also auf Wiedersehen – Frau Doktorin Cajus! *(Sie geht ab.)*

DRITTER AUFTRITT

Anna. Dann Herr Reich.

Anna (ihr nachsehend): Nein, liebe Mutter, nie kann Anna des Cajus Frau werden, ihr Herz gehört nur Fenton! Jetzt nur schnell an den Teuren geschrieben, damit er bei dem Spuk nicht ausbleibt und die Gelegenheit benutzt. *(Sie setzt sich, um zu schreiben.)*

Reich (tritt vorsichtig ein): Was schreibst du denn da, mein Töchterchen?

Anna (erschrocken, sich aber sogleich fassend): Ich – ich wollte eben das Verzeichnis der Rollen für heute nacht entwerfen.

Nach einer gesprochenen Einleitung setzt sehr zart das Orchester mit einer innigen Geigenmelodie ein. Sie ist keineswegs sentimental, was zu Ännchens Charakter nicht passen würde; zudem hat sie soeben einen so kühnen wie lustigen Plan gefaßt. Die Festigkeit ihres Entschlusses verkündet sie in einem Rezitativ. Und wieder führt Nicolai meisterlich dieses Rezitativ langsam und in steter Steigerung in die kommende Arie über. Er nützt es glänzend aus, daß der Text in einem Rezitativ noch gut verständlich bleibt, so daß das Publikum hier Annas

Reich: Nun, dabei wird wohl mein Plänchen, das dich betrifft, auch in Anschlag kommen. Tochter, einen Plan habe ich, einen köstlichen Plan, der mit einem Male den ewigen Streit zwischen deiner Mutter und mir, in betreff deiner Verheiratung, beendigen soll.

Anna: Laßt doch hören!

Reich: Du sollst noch heute nacht mit Spärlich getraut werden!

Anna macht eine Bewegung des Erstaunens.

Reich: Bei dem Spuk mußt du als grüner Elf erscheinen. Dein Gewand habe ich schon besorgt, und ich werde Spärlich davon benachrichtigen, damit er dich erkennt. In dem Trubel entführt er dich, und ihr laßt euch sofort in der Waldkapelle trauen.

Anna: Ach, lieber Vater, so bald schon?

Reich (strenge): Du wirst doch dein Glück nicht länger von dir stoßen? Tochter, mach mich nicht böse!

Anna: Nein, nein, Väterchen, ich will ja gehorsam sein und tun, was Ihr begehrt.

Reich: So ist es recht, mein Töchterchen! Du kommst also als grüner Elf. Ich werde dir übrigens den Spärlich noch herschicken, damit ihr euch noch näher besprechen könnt. Also auf Wiedersehen heute nacht – als Frau Spärlich! *(Er geht ab.)*

VIERTER AUFTRITT

Anna allein.

Anna: Einen glücklicheren Zufall[1] konnte es nicht geben! Beide wollen einander täuschen! Das gibt mir wohl das Recht, meiner reinen, echten Liebe zu Gefallen beide auch ein wenig zu hintergehen! – Mein Plan ist fertig! Dem Cajus schicke ich das grüne Gewand, dem Spärlich das rote! So wird jeder von ihnen glauben, ich stecke in der Verkleidung. *(Sie setzt sich,*

[1] TV: Hier auch »Etwas Glücklicheres«.

Gedanken mitvollziehen kann: In Weiß wird sie bei der nächtlichen Komödie erscheinen, wie es einer Braut geziemt. Als die fühlt sie sich ja, auch wenn ihr Bräutigam keiner der von den Eltern vorgeschlagenen sein wird. Mögen Cajus und Spärlich sich mit roten und grünen Gewändern in heillose Verwirrung stürzen –, ihr Fenton, ebenfalls weiß gekleidet als Elfenkönig Oberon, wird seine Titania erkennen . . . Und so verdichtet sich das Rezitativ zur Arie, zum innigen, echt lyrischen Erguß, in dem der Text an Bedeutung hinter der Melodie und der Stimmung zurücktritt. Die Begleitung nimmt schon ein wenig von der nächtlichen Waldesatmosphäre vorweg, die Holzbläser kichern koboldartig, und immer wieder scheinen Elfen über die Bühne zu tanzen:

(30)

Die Arie ist zweiteilig gestaltet. Auf den lyrischen Teil folgt ein Allegro vivace, mit der ganzen frohen Lebendigkeit des jun-

den angefangenen Brief zu vollenden.) Fenton aber muß alles erfahren, und du . . . O komm, in welcher Gestalt du willst, Geliebter! Deine Anna wird dich schon kennen!

Nr. 11. Rezitativ und Arie

Anna (schreibt während des Vorspiels einen Brief, beendigt und faltet ihn und steht dann auf):

Wohl denn, gefaßt ist der Entschluß! Nun gilt's,
Die Tat besonnen zu vollführen! Du,
Die treue Liebe schützt, o holde Fee
Titania, beschütze denn auch mich
Und leihe mir dein weißes Flügelkleid,
Um licht und leicht zum schönen Ziel zu schweben!
Nicht eine grüne Hülle soll ich bergen,
Auch eine purpurrote nicht!
Nein, weiß sei mein Gewand,
Der Schleier weiß und auch der Kranz,
Der seine Lilien durch die Locken schlinget.
So schweb' ich dir, Geliebter, zu,
So kennst du mich, so nahest du
Und schwörest dich auf ewig mein,
Und ich mich dein – ganz dein!
Tief in dem hohen, dunklen Wald
Winkt uns verschwiegner Aufenthalt,
Es leuchtet uns des Mondes Silberhelle
Auf stillem Pfad zur heil'gen Waldkapelle.
Und bist du dann, Geliebter, mein,
Und bin ich unauflöslich dein,
Dann[2] reicht Verzeihung auch die Hand
Und segnet unser Band.

[2] TV: Für »dann« steht »so«.

gen, verliebten Mädchens gestaltet, das in der Erwartung baldiger Vereinigung dem Geliebten entgegenfiebert:

(31)

Auch hier, nach italienischer Manier, eine Stretta, die dem wirkungssicheren Abschluß entgegeneilt.

Dann folgt des Werkes letzte, musikalisch am reichsten bedachte Szene: der Wald bei Windsor, tief in der Nacht.

(Gesprochene Dialoge)

(Schwärmerisch.) O selige Träume,
O süßes Glück!
Ihr gaukelt so golden
Vor meinem Blick!
Die Wolken verschwinden,
Es lächelt das Blau,
Und Strahlen des Mondes
Versilbern die Au'!
Erfüllung, sie nahet
Im rosigen Glanz
Und reicht treuer Liebe
Den strahlenden Kranz!
(Sie geht ab.)

Verwandlung
Der Wald bei Windsor.
Nacht. Im Hintergrunde die Eiche des Jägers Herne. Im Vordergrunde ein Jagd-Pavillon.

FÜNFTER AUFTRITT

Herr Fluth, Herr Reich, mit brennenden Fackeln, und Spärlich, als roter Elf gekleidet, kommen von der linken Seite.

Fluth: Im Pavillon werden wohl schon mehrere unserer guten Freunde versammelt sein, um den Spaß mit anzusehen. Ich denke, Elfen und Lichter sollen sich recht gut ausnehmen.

Reich (zu Spärlich): Also, lieber Sohn Spärlich, bald seid Ihr nun mein Eidam. Meine Tochter erscheint grün, und daran könnt Ihr sie erkennen.

Spärlich: Sorgt nicht, ich habe mit der süßen Anna alles

(Gesprochene Dialoge)

verabredet, sie sagt schnipp, und ich sage schnapp; daran erkennen wir uns, und ich entführe sie.

Reich: Nun gut! Meine Frau wird eine schöne Überraschung haben, wenn Anna sich als Frau Spärlich vorstellt!

Fluth: Gehen wir hinein, Freund Reich!

Reich: Ja, denn ich muß mich auch eilig ankleiden! Auf Wiedersehen – Schwiegersohn!

Reich und Fluth (gehen in den Pavillon.)

Spärlich (verliert sich in den Gebüschen und seufzt im Abgehen): O süße Anna!

SECHSTER AUFTRITT

Frau Reich, Frau Fluth, ein Diener mit brennender Fackel und Doktor Cajus, als grüner Elf gekleidet, kommen von der linken Seite.

Frau Fluth: Es ist bald Mitternacht, er wird ganz gewiß kommen, denn er hat alles meinem Manne, dem vermeintlichen Herrn Bach, erzählt.

Frau Reich (zu Doktor Cajus): Nun, Herr Doktor Cajus, bald ist Anna Euer Weib. Sie erscheint als roter Elf, daran könnt Ihr sie erkennen.

Cajus: Ah, mille remercîments, Madame Reik! Oh, ick sein sehr klüklik! – Miß Anna 'aben ßohn mit mir verabredet; ick sagen snipp – sie sagen snapp, daran kennen wir uns und . . . allons! Vite! – Au revoir, Mesdames! *(Er verliert sich in den Gebüschen links.)*

Frau Reich: Mein Mann wird schöne Augen machen, wenn er Anna als Frau Doktorin Cajus wiedersieht!

Frau Fluth: Kommt hinein, denn Falstaff kann jeden Augenblick erscheinen.

Frau Reich: Ja, kommt! *(Sie gehen in den Pavillon.)*

Fast unhörbar setzt das Orchester ein, nachdem die Frauen von der Bühne gegangen sind. Hohe Streicher in zarten Klängen zaubern auch musikalisch das Bild der Sommernacht herauf. In Violoncellos und Bässen steigt das wunderschöne Thema empor, das zu Beginn des Werkes die Ouvertüre einleitete. Nun begleitet es, wie mit Silberglanz, den langsam aufsteigenden Vollmond, der immer heller leuchtet: eine Naturstimmung von seltener Intensität. Vielerlei solistisch verwendete Instrumente tragen ihren Klangzauber bei, schließlich setzt ein unsichtbarer Chor ein, und Harfen mischen ihre glitzernden Töne in das zarte Klangbild, in dem man beinahe den Duft des nächtlichen Parks in voller Sommerpracht wahrzunehmen glaubt.

Doch wir sind in einer Lustspieloper. Und mit dem Erscheinen Falstaffs – zur körperlichen Unförmigkeit tritt nun noch das imposant-lächerliche Geweih – wird die bis hierher lyrische, träumerische Musik lebhaft; die Bläser im Staccato deuten wiederum den »Spuk« an, der den abenteuersuchenden Junker bald umspielen wird. Abermals eine Melodie aus der Ouvertüre (Nr. 4): die beiden Frauen nahen, das »Liebesspiel« beginnt.

Nr. 12. Intermezzo[1]

(Während der 28 Einleitungstakte geht langsam der Mond auf.)

Chor: O süßer Mond!
O holde Nacht!
Wenn Ruhe thront,
Nur Liebe wacht.
(Man hört in der Entfernung 12 Uhr schlagen.)

SIEBENTER AUFTRITT

Falstaff als Jäger Herne verkleidet, ein Hirschgeweih auf dem Kopf.

Nr. 13. Terzettino

Falstaff: Die Glocke schlug schon Mitternacht,
Der Augenblick ist da!
O Jupiter, *(kläglich)* auch du trugst einst
Aus Liebe Hörner ja!
Und ward ein Gott, wie du, zum Stier,
Verzeiht man wohl den Hirschkopf mir!
Doch horch! – Es regt sich was im Hain . . .
(Freudig.) Das wird schon meine Hirschin sein!

ACHTER AUFTRITT

Falstaff. Frau Fluth. Frau Reich.

Frau Fluth: Pst, pst! Sir John!
Frau Reich: Pst, pst! Sir John!
Falstaff (brummt und wetzt sein Geweih an der Eiche):
Buh!
Frau Fluth (spricht): Er traut uns noch nicht. Ich muß näher zu ihm hingehen. *(Auf ihn zugehend. Gesungen.)* Mein schmucker Hirsch! Ich bin es ja!

[1] Dieses Stück wird gewöhnlich an den Beginn der Szene gestellt.

Und Falstaff, dem bisher in der ungewohnten Umgebung nicht recht wohl war, verwandelt sich, nun da das »Abenteuer« sich so handgreiflich präsentiert, sofort wieder in den flotten Draufgänger, für den er sich hält:

(32)

Mit einer geradezu volkstümlichen Melodie weitet die Szene sich zum Terzett:

(Notenbeispiel S. 144)

Falstaff: O schlanke Hirschin! Bist du da?
Frau Reich: Pst, pst! Sir John!
Falstaff (zu Frau Fluth):
Nur still, nur still! Ist noch wer hier?
Frau Fluth (Frau Reich zu ihm holend):
Frau Reich, mein Herzchen, ist bei mir.
Frau Reich (verschämt tuend):
Wer könnt' Euch, Junker, widerstehn?
Ich mußte mit der Freundin gehn!
Falstaff (jede unter einen Arm nehmend):
Nun mag es blitzen und krachen,
Nun mag es Schwefel regnen und Pech,
Hier will ich mein Nest mir machen!
(Erst zur einen, dann zur andern.)
Hier bringt keiner mich hinweg!
(Alle drei seufzen zärtlich.) Ach! Ach!
Beide Frauen: Doch sag uns erst, du schlimmer Mann,
Ob man dir auch vertrauen kann?
Falstaff: Zerteilt mein Herz in Stücken,
Ich lieb' euch alle zwei!
Und euern Männern schicken
Wir dieses Hirschgeweih!
Die Frauen: Ha, ha!
Falstaff (zärtlich): So kommt!
Die Frauen: Ach! . . .
Frau Fluth: Du reizend liebes Schätzchen!
Frau Reich: Wenn uns nur niemand stört!
Falstaff: Kommt mit, ich weiß ein Plätzchen,
Wo uns kein Lauscher hört.

(33)

Aber es ist nun einmal der Witz dieser Oper, daß der alte dicke Schwerenöter Falstaff nicht zu seinem so sehnlich erwarteten Vergnügen kommen soll. Wieder tritt im entscheidenden Augenblick ein lästiges Hindernis ein; Kontrabässe und Pauke deuten ein gespenstisches Erzittern des Waldes an, dann bricht der Lärm los, nicht gerade die Hölle, aber Kobolde, Geister, Gespenster, Elfen und Feen nahen in wirbelnden Zügen. Das Motiv Nr. 3 (aus der Ouvertüre) dient zur äußerst plastischen musikalischen Untermalung, nun chorbegleitet, getanzt und weit ausgesponnen.

Alle drei: {Du / Ihr} reizend {liebes / liebe} Schätzchen!
Auf daß uns niemand stört,
Kommt, suchen wir ein Plätzchen,
Wo uns kein Lauscher hört!
Die Frauen: Ach, Sir John,
Wer könnt' Euch widerstehn!
Falstaff: O kommt.
Wir wollen weitergehn.
Alle drei: {Du / Ihr} reizend {liebes / liebe} Schätzchen! usw.

Falstaff ist im Begriff, die Frauen fortzuführen, als hinter der Szene verworrenes Geschrei sich hören läßt.

Die Frauen: O Himmel! Welch ein Lärmen dort . . .
Fort, fort!

Sie drehen Falstaff einigemal herum und laufen fort. Die Szene füllt sich mit vielen Elfen und Geistern. Alles ist plötzlich ganz erhellt.

Falstaff: O weh! Das sind die Feen!
Es ist um mich geschehn!
(Er taumelt und fällt hinter der Eiche nieder.)

In immer stärkerem Maße rechtfertigt die Oper nun ihre – im Untertitel vermerkte – Bezeichnung als »komisch-phantastisch«. Kaum sind die »Elfen« vorbeigebraust und haben Sir John in ein Versteck gejagt, da erscheint, von Harfenglissandi untermalt, ein liebliches Bild: von »Waldgeistern« umgeben naht »Titania« und spielt ihre Rolle mit Anmut und Grazie:

(34)

Sie erhält von Nicolai eine klarinettenbegleitete getragene Melodie: sie ruft ihren Geliebten herbei, den anmutig und hoheitsvoll herbeieilenden Oberon. Auch ihn kündet Harfenglissando an und Nicolai teilt ihm eine siegreiche Melodie zu. Kein Beobachter der stimmungsvollen, märchenhaften »Sommernachtstraum«-Szene würde hinter diesem poetischen Versöhnungsspiel der vorübergehend entzweiten Wal-

NEUNTER AUFTRITT

Elfen und Geister. Falstaff versteckt.

Nr. 14. Chor und Tanz der Elfen

Ihr Elfen, weiß und rot und grau,
Schwärmt lustig in des Mondes Tau,
Durchstreift den Wald die Kreuz und Quer
Und führt den Reigen ringsumher!
Ihr Elfen, weiß und rot und grau,
Schwärmt lustig in des Mondes Tau!

ZEHNTER AUFTRITT

Die Vorigen. Anna (als Titania gekleidet, wird auf einem mit Blumen umwundenen Wagen von einigen weißgekleideten Dienern herangezogen). Gefolge.

Anna (Titania):
Die Menschheit schläft – kein Auge kann uns sehn,
So laßt auf duft'gen Blumen uns ergehn,
Laßt lauschen uns der Nachtigallen Ton,
O komm zu mir, mein teurer Oberon!

Chor: Die Menschheit schläft.

ELFTER AUFTRITT

Die Vorigen. Fenton als Oberon gekleidet.

Fenton (Oberon):
Was feindlich uns getrennt, ist überwunden,
Auf ewig hält die Liebe uns verbunden,
Wir sind versöhnt, die süße Stund' ist da,
Und wieder mein ist nun Titania!

Beide: Wir sind versöhnt usw.

desbeherrscher Ännchens List vermuten –, nicht einmal Herr und Frau Reich, die es ja sehr nahe angeht. Die Stimmen des jungen Paares einen sich im Duett, der Chor der »Geister« begleitet. Dann tritt der Reigen der Kobolde wieder in ihre Rechte; niemand wundert sich, daß Oberon und Titania Hand in Hand davongehen –, ein schönes Paar!

Dann wird es sehr lebendig, Reich erscheint mit großem Jagdgefolge abenteuerlich vermummter und verkleideter Gestalten. Er setzt sein Horn – das legendäre Horn des Jägers Herne, als der auch er verkleidet ist – an, aber es versagt: lange Generalpausen im Orchester. Dafür gibt es nur eine Erklärung: ein Mensch muß in der Nähe versteckt sein!

Wilder Ausbruch aller »Geister« und »Gespenster«, die ausschwärmen und nach kurzem Suchen Falstaff finden. Er wird vor Reich gebracht, nichts Gutes erwartet den »Frevler«.

Reich verkündet – im Rezitativ, um die Wortdeutlichkeit zu wahren –, daß er zuerst von Mücken und Fliegen gequält werden solle, bis er ein volles Geständnis abgelegt habe.

Elfen: Sie sind versöhnt usw.

Anna und Fenton gehen Hand in Hand ab.

Elfen: Und wieder nun im luft'gen Kranz
Schwingt Euch zum muntern Elfentanz,
Durch Busch und Strauch, durch Blum' und Dorn!
Komm, Jäger Herne, blas ins Horn!

ZWÖLFTER AUFTRITT

Die Vorigen. Herr Reich als Jäger Herne (auch mit einem Hirschgeweih auf dem Kopfe, mit Horn und Flinte). Jäger. Gestalten.

Reich (Herne) (setzt das Horn an, er macht Anstrengung zu blasen, aber der Ton versagt ihm.)

Elfen: So blase doch!

Reich (Herne) (setzt wieder an, es versagt ihm nochmals.)

Elfen: Du schweigst? So blase doch!

Reich (Herne): Das Horn versaget mir:
Es ist ein Mensch verborgen hier!

Ganzer Chor: Ein Mensch! Ein Mensch! Verräterei!
Auf! Sucht ihn, schleppt ihn schnell herbei!

(Sie suchen und springen umher und finden Falstaff hinter der Eiche liegen, den sie hervorziehen; er fällt in die Knie vor Herne.)

Wir haben ihn! Da ist er schon!
Schau, Herne, hier dein Konterfei!
Hahahaha! Dein Konterfei!

Reich (Herne): Was trieb dich, frecher Menschensohn,
Zu dieser schnöden Mummerei?
Belauscht hast du die Geisterschar,
Verdient hast du den Tod fürwahr!

Falstaff (fällt der Länge nach zur Erde.)

Reich (Herne): Mücken! – Wespen! – Fliegenchor!
Fliegt herbei und quält den Tor,
Bis er eingestanden hat,
Was ihn trieb zu dem Verrat!

Nun tritt wieder das Ballett in seine Rechte: »Insekten« aller Art umschwirren Falstaff, während die luftige, wahrhaft »geflügelte« Melodie vom Chor begleitet wird:

(35)

Während Falstaff gestochen und gezwickt wird, spielt sich, von den »Elfen« und »Geistern« unbemerkt, die von Ännchen geschickt eingefädelte Komödie zwischen Spärlich und Cajus ab: Jeder der beiden glaubt – wie ihnen von den Eltern Reich verheißen – im vermummten und der Verabredung gemäß grün und rot gekleideten anderen das ersehnte Mädchen vor sich zu haben –, und »entführt« es in die nahe Kapelle . . .

DREIZEHNTER AUFTRITT

Die Vorigen. Insektenchor. Dann weitere Geister. Tänzerinnen (mit silbernen Pfeilen und Flügeln, Mücken, Fliegen, Wespen vorstellend, tanzen um Falstaff und stechen ihn nach Angabe der Partitur.)

Nr. 15. Mückentanz

Elfen: Mücken, Wespen, Fliegenchor,
Fliegt herbei und quält den Tor!
Spitzt die Rüssel! Stecht nur zu!
Laßt ihm nimmer Rast noch Ruh!
Reich (Herne): Stecht!
Elfen: Stecht!
Falstaff: Ah!
Alle: Hahahaha! – Stecht!
Falstaff: Ah!
Alle: Hahahaha! –

(Während des Tanzes kommen Cajus als grüner und Spärlich als roter Elf von verschiedenen Seiten.)

Cajus: Ah! Ah! Die rote Elfe dort
Sein Miß Anna, 'alten Wort!
Spärlich: Grüne Elfe winkt mir zu,
Süße Anna, das bist du!
Alle: Stich! Hahahaha!
Falstaff: Ah!

Ein kurzes Rezitativ Reichs unterbricht den Tanz: noch immer kein Geständnis Falstaffs? Nun denn, ein allgemeiner, wilder »Kriegstanz« aller Masken, Geister, Gnomen, Kobolde usw. Dazu wendet sich das nun energisch polternde Orchester nach Moll; es erklingt, ebenfalls aus der Ouvertüre genommen, das Thema Nr. 6. Es wird eine ganz große Tanz- und Chorszene daraus.

Cajus (nähert sich Spärlich): Sie nahen sick ßon!
Spärlich (nähert sich Cajus): O süße Anna!
Elfen: Mücken, Wespen, Fliegenchor, usw.
Cakus (zu Spärlich): »Snipp!«
Spärlich (zu Cajus): »Schnapp!«
Beide laufen Hand in Hand miteinander fort.

Nr. 16. Allgemeiner Tanz und Chor

Reich (Herne): Er gesteht noch immer nicht.
Warte nur, verstockter Wicht!
Auf! Ihr Geister groß und klein!
Stürmet alle auf ihn ein!

VIERZEHNTER AUFTRITT

Die Vorigen. Masken. Geister. Gnomen. Kobolde. Salamander.

(Eine Menge Masken und Geister, Gnomen, Kobolde, Salamander usw. stürmen herein und umkreisen Falstaff in wilden Sprüngen. Die Salamander brennen, die Kobolde zwicken ihn. Die Elfen und Mücken mischen sich auch in diesen Tanz, die letzteren stechen ihn manchmal. Alle insgesamt quälen ihn auf verschiedene Weise.)

Ganzer Chor: Faßt ihn, Geister, nach der Reih'
Und straft ihn für die Büberei,
Zwickt ihn, sengt ihn, laßt ihn drehn,
Bis daß die Sinne ihm vergehn!
Wer die Grube will andern graben,
Oftmals fällt er selber hinein.
Willst du Weiber zum besten haben,
Dann mußt du wahrlich pfiffiger sein!
Faßt ihn, Geister usw.
Missetäter,
Hochverräter!
Deine Stunde hat geschlagen!
Solche Kniffe,
Solche Pfiffe

(Gesprochene Dialoge)

Sollst du nimmer wieder wagen!
Briefe schreiben,
Unfug treiben!
Strafen woll'n wir dein Betragen,
Her dein Leben
Mußt du geben,
Wenn du nicht bereust!
Heisa! Missetäter!
Hochverräter! Missetäter!

FÜNFZEHNTER AUFTRITT

Die Vorigen. Herr und Frau Fluth. Frau Reich. Bürger.

(Falstaff springt auf, wirft sein Hirschgeweih fort und will in den Pavillon stürzen. Herr und Frau Fluth, Frau Reich und mehrere Bürger treten ihm entgegen. Herr Reich nimmt sein Hirschgeweih als Herne ab.)

Herr Fluth, Frau Fluth, Frau Reich: Halt, Verräter!

Falstaff (auf den Knien): Barmherzigkeit!

Reich (ihn aufhebend): Nein, mein dicker Junker, so entkommt Ihr uns nicht! Wir haben Euch ertappt! *(Ihn foppend.)* He? Herr Jäger Herne! Ist das Eure letzte Kunst?

Frau Reich (sich Falstaff vorstellend): Nun, Herr Ritter, wie gefallen Euch Windsors Weiber? *(Zu Reich.)* Lieber Mann, sag ihm doch, er möchte sich seine Hörner wieder aufsetzen, die ihm so gut stehen und die er für dich bestimmt hatte. *(Falstaff auslachend.)* Hahahaha!

Fluth (sich vor Falstaff hinstellend): Sir John! Hier ist Herr Bach – und dies *(Frau Fluth bei der Hand nehmend)* ist die Frau des Herrn Bach – und Herr Bach ist Fluth! Und, Sir John, von Herrn Fluths Eigentum habt Ihr nichts genossen als seinen Waschkorb und seine Prügel und zwanzig Pfund in Gold, und die müssen an Herrn Bach zurückgezahlt werden. *(Ihn auslachend.)* Hahaha!

(Gesprochene Dialoge)

Frau Fluth: Ach, Sir John, es ist uns recht unglücklich gegangen, wir konnten gar nicht zusammenkommen!

Falstaff: Ich fange an zu merken, daß man einen Esel aus mir gemacht hat.

Frau Reich: Ja, Sir John, glaubtet Ihr denn, daß der Teufel selbst Euch für uns reizend gemacht hätte? Solch einen Wulst von Mann!

Frau Fluth: Solch einen Wurstberg!

Frau Reich: Solch einen Wollsack!

Falstaff: Hört auf, hört auf! Ich gebe mich gefangen! Macht mit mir, was ihr wollt!

Reich: Nun genug der Strafe, und alles sei im guten beigelegt. – Seid wieder guter Dinge, Sir John, und kommt mit uns in mein Haus, da sollt Ihr einen tüchtigen Nachttrunk zu Euch nehmen und sollt meine Frau auslachen helfen, die jetzt über Euch lacht. Sagt ihr doch, Herr Spärlich habe heute nacht ihre Tochter geheiratet.

Frau Reich: Die Doktoren bezweifeln es noch! Wenn Anna Reich meine Tochter ist, so ist sie jetzt schon Frau Doktorin Cajus.

Reich: Wieso? Was meinst du damit?

SECHZEHNTER AUFTRITT

Die Vorigen.

Cajus, Spärlich, die Hand in Hand gelaufen kommen.

Spärlich: He, holla! Vater Reich!

Cajus: 'e 'olla! Wo sein Madame Reike? – Pardieu! Ick sein kefführt an! Ick 'aben ke'eiratet un garçon! Es sein nickt Miß Anna diese rote Elf, es sein ce Sperlick – mort de ma vie, je suis furieux!

Reich: Nun, das ist spaßig genug! Aber wo ist denn nun Anna?

Nun, da alle Konflikte gelöst, alle Fragen geklärt sind, wäre die Oper zu Ende. Die Gesichter hellen sich auf, nachdem einige von ihnen vor kurzem noch recht bitter ausgesehen haben mochten: Falstaff erkennt, daß es ihm nicht an den Kragen geht. Herr und Frau Reich, zweifellos den »Siegern« dieser Komödie zuzurechnen, haben in einem wichtigen Punkt eine Schlappe erlitten: ihre Tochter hat ihnen bewiesen, daß wahre Liebe über alle materiellen Hindernisse zu triumphieren imstande ist. Und so gehört nun auch diese Tochter, Ännchen, zu den »lustigen Weibern von Windsor«. Es ist nur logisch, daß diesen das Ende der vergnüglichen Komödie gebührt und zu-

SIEBZEHNTER AUFTRITT

Die Vorigen. Anna. Fenton.

Anna (niederkniend): Verzeihung, lieber Vater, liebe Mutter!

Reich: Ach, du gottloses Kind!

Frau Reich: Du ungeratenes Mädchen!

Fenton: O seid gut! *(Anna aufhebend.)* Soeben haben wir vor dem Altar den Schwur ewiger Liebe und Treue abgelegt.

Reich: Was ist zu tun? Tröstet Euch, lieber Spärlich. Fenton, nimm meinen Segen und mache mein Kind glücklich!

Fenton und Anna: Dank, teurer Vater!

Spärlich: O süße Anna! *(Er geht langsam ab.)*

Frau Reich (hat unterdessen mit Doktor Cajus gesprochen): Ja, das ist nun nicht mehr zu ändern, und Ihr müßt Euch drein finden, Herr Doktor. *(Zu Fenton und Anna.)* Seid glücklich und empfangt auch meinen Segen!

Fenton und Anna: O beste Mutter!

Cajus: Sacre Dieu! Ick werden 'erausfordern diese jonge E'emann und werden[1] ihn stecken tot! *(Er läuft fort.)*

Frau Fluth: Nun, Sir John, laßt uns Frieden machen *(sie gibt ihm freundlich die Hand)* und kommt, Ihr sollt zu Annchens Hochzeitsfeier Eure Leiden bei einer Flut von Sekt vergessen.

[1] TV: Hier auch »werde«.

geteilt ist. Ein fröhlich dahinrollendes Terzett bildet den Abschluß der Oper; es wird immer lustiger und lebhafter, immer turbulenter, da auch noch die drei Männer (Reich, Fluth und der nun recht friedlich mit ihnen vereinte Falstaff) einstimmen sowie der große Chor aller »Gespenster«, die sich demaskiert haben und das Werk in einem fast italienischen Buffo-Stil zum stimmlichen und orchestralen Höhepunkt (Anna und manchmal auch Frau Fluth mit lang ausgehaltenem hohen C!) bringen. So vergnüglich kann das Leben sein –, dank Sir William, dem großen Shakespeare, und dem seiner gar nicht so unwürdigen Otto Nicolai . . .

(36)

Nr. 17. Finale (Terzettino)

Anna. Frau Fluth. Frau Reich.

So hat denn der Schwank der fröhlichen Nacht
Vereinet auf immer der Liebenden Hände.
Wohlauf nun zur Hochzeit, getanzt und gelacht,
Daß alles in Freude und Heiterkeit ende!

Frau Fluth (mit schelmischem Drohen): Sir John!

Die Frauen (ziehen Falstaff in den Vordergrund.)

Alle drei: Sir John!

Falstaff: O weh!

Die Frauen: Wir sind an Gnaden reich.
Wir verzeihen!

Falstaff: Danke! – Danke!

Die Frauen (zu allen andern):
Und wir danken euch allen! Ach!
(Zum Publikum.)
Verzeihet auch ihr, und hätten euch
Die lustigen Weiber gefallen!

Alle: Verzeihet auch ihr, und hätten euch
Die lustigen Weiber gefallen!

ENDE

Inhaltsangabe

ERSTER AUFZUG

Erster Auftritt: Die Fenster von zwei Häusern einer gemütlichen Kleinstadt – Windsor in England – sehen auf einen gemeinsamen Hof oder Garten. Ein Haus gehört Herrn Fluth, der es mit seiner Frau bewohnt, das andere der Familie Reich, zu der außer Herrn und Frau Reich deren reizende Tochter Anna gehört. Die Besitzer der Anwesen sind offenkundig vermögende Bürger (die nach Opernbrauch keinen sicht- oder hörbaren Beruf ausüben).

Sichtlich erregt tritt Frau Fluth aus dem Hause; sie hat ein Schreiben des stadtbekannten Sir John Falstaff erhalten, in dem er sie mit zärtlichen Worten um ein Stelldichein bittet. Sie ist empört, wenn auch ein wenig belustigt: Ausgerechnet der »vollgetrunkene dicke Geck« stellt ihr nach! »Ja«, setzt sie, vielleicht mit einem kleinen, sicherlich schnell unterdrückten Seufzer hinzu, »wenn es noch ein Ritter wär', fein zierlich, jung an Jahren . . .« Es ist ein Ritter, aber weder kann von fein zierlich noch von jung die Rede sein: Sir John ist ein heruntergekommener Adeliger, ein Säufer, Tagedieb und Taugenichts, eine lächerliche, längst von niemandem mehr ernst genommene Figur. Sie liest sich den Brief noch einmal vor: Es ist die Höhe! Solche Frechheit schreit nach Bestrafung. Sie will die Angelegenheit mit ihrer Nachbarin und Freundin, Frau Reich, besprechen.

Zweiter Auftritt: Da tritt diese soeben aus ihrem Haus, nicht minder aufgebracht als Frau Fluth. Auch sie hat einen Brief erhalten, vom gleichen Absender. Und ein sofortiger Vergleich zeigt, daß beide Briefe völlig gleichlautend sind. Gleich die Anreden (O schönste Frau), gleich die Beteuerungen, gut zusammen zu passen, gleich die Liebeserklärungen! Wären die beiden Frauen nicht entsetzt über diese Anmaßung, sie wären

Annelies Kupper als Frau Fluth und Lilian Benningsen als Frau Reich in einer Aufführung der Bayerischen Staatsoper, Januar 1957.

es – und wohl noch mehr – über diese »Liebe nach Schablone«.

In einem mitreißenden Duett schwören sie Rache, energisch, wohlgelaunt und koloraturenreich. Doch wie wollen sie vorgehen? Frau Reich meint, sie sollten alles ihrem Gatten erzählen; Frau Fluth erhebt entschiedenen Einspruch dagegen: da »wär' der Spaß zu Ende, bevor man lachen könnte!« Und sie, zweifellos die Anführerin, entwickelt ihren Plan: warum nicht zum Schein auf Sir Johns Ansinnen eingehen und ihn dann saftig bloßstellen? In glänzender Laune, übermütig dahinsprudelnd geht das Duett zu Ende: »Alter, nimm Dich jetzt zusammen . . .!«

Dritter Auftritt: Vier Männer gehen von der Straße her auf die Häuser zu: Die Ehemänner der beiden »lustigen Weiber von Windsor«, Herr Fluth und Herr Reich, dazu die beiden Bewerber um die Hand der hübschen Reich-Tochter Anna. Es genügt, ihren ersten Auftritt zu beobachten, um sofort zu wissen, daß keiner von beiden der Richtige sein könne. Junker Spärlich ist so, wie er heißt: spärlich an Aussehen und spärlich an Verstand, nur nicht an Geld. Dr. Cajus ist Franzose und spricht ungeheuer affektiert eine Mischung zwischen Deutsch und Französisch, sein Gehaben ist überaus geziert und posenhaft lächerlich. Daß er und Spärlich einander nicht leiden können, liegt auf der Hand. Der (gesprochene) Dialog geht rasch zu Ende: Wir lernen Fluth als den impulsiven, ununterbrochen eifersüchtigen Ehegatten kennen, den sein besonnenerer Nachbar Reich vergeblich zu beruhigen sucht. Gerade will jeder der vier seiner Wege gehen, als ein junger, äußerst sympathischer Mann hinzukommt, dessen Auftauchen auf drei der Anwesenden eine überraschend starke Wirkung übt: Spärlich und Cajus möchten, zumindest mit ihren Blicken, den Jüngling erdolchen, und man errät unschwer, daß dieser wohl der von Anna bevorzugte Freier ist. Er heißt Fenton und ist ebenso arm wie verliebt. Er kommt, Reich um eine Unterredung unter vier

Augen zu bitten, worüber dieser, der schnell heim will, alles andere als erbaut ist. Es ist nicht schwer zu erraten, daß er solche – wie er meint: völlig sinnlosen – Gespräche bereits des öfteren zu führen genötigt wurde.

Vierter Auftritt: So schickt denn Reich den Junker Spärlich voraus ins Haus und widmet sich mit mühsam zurückgehaltener Ungeduld dem »lästigen Fenton«. Fluth ist bereits zu seiner Gattin gegangen: Ob sie nicht doch einen Liebhaber bei sich hat? Wehe dem, wenn er ihn einmal erwischte! Cajus geht mit säuerlicher Miene ab; Reich hat seinen Rivalen Spärlich soeben »Schwiegersohn« tituliert. Aber noch gibt er den Kampf nicht verloren, weiß er sich doch im Besitz einer starken Waffe: der offen bekundeten Sympathie der Frau Reich. Sollte diese nicht stärker sein als ihr Gatte, der den lächerlichen Spärlich bevorzugt?

Reich wendet sich Fenton zu: was er begehre? Der rückt sofort mit der Sprache heraus: »Eure Tochter!« In einem langen Duett fleht, bittet, beschwört, zuletzt droht Fenton, als Reich hart bleibt. Als wichtigstes Argument für Spärlich führt er an, daß dieser »viel zurückgelegt, das ihm sich're Zinsen trägt, steht sich zirka jedes Jahr auf sechshundert Pfunde bar!«, während Fenton arm sei. Doch »reich an Lieb' und Treu'«, wie dieser immer wieder, ohne jede Wirkung, versichert. Sie scheiden in höchster Erregung: Vater Reich, ein immer energischeres »Nein« auf den Lippen und Fenton in verzweifelter Gewißheit, Anna doch noch, trotz allen »Tyranneien« sein eigen nennen zu können.

Fünfter Auftritt: Im Innern des Fluthschen Hauses bereitet die Hausfrau die Falle für den liebestrunkenen Sir John vor (von seinem »nebenbei« geplanten Anschlag auf ihr Vermögen ahnt sie nichts). Mit ihrer blühenden Fantasie spielt sie die erwartete Szene lustvoll durch: wie sie ihn empfangen, sich ängstlich stellen, ihm schließlich die Erfüllung seiner Wünsche vorgaukeln wird. Es ist eine der reizvollsten Arien (und Szenen) der deutschen Spielopernliteratur.

Sechster Auftritt: Frau Reich tritt ein, alles ist abgekartet, was nun abrollen soll: Sir John hat die Einladung zum Stelldichein erhalten, Herr Fluth aber gleichzeitig einen Brief, der ihn anonym wissen läßt, er könne an diesem Abend bei seiner Frau einen Liebhaber ertappen. Lärm im Vorgemach kündet den erwarteten Besuch an.

Siebenter Auftritt: Und schon tritt Sir John ins Zimmer: großspurig, mit höfischen Verbeugungen, Reverenzen und Kratzfüßen, mit siegessicherer Miene und unverhohlener Genugtuung. Frau Fluth spielt ihre Rolle, auch dieses Duett gehört zu den Perlen der deutschen Oper. Da klopft es – vereinbarungsgemäß – an die Tür. Frau Reich begehrt Einlaß. Schnell wird der dicke Sir John versteckt.

Achter Auftritt: Wie vorgesehen verkündet Frau Reich der Bestürzung mimenden Nachbarin, Herr Fluth nahe wutentbrannt und bringe »halb Windsor« mit, um den im Hause befindlichen Liebhaber zu fangen. Frau Fluth läßt sich die Geschichte mehrmals erzählen, wobei sie Frau Reich anfeuert, möglichst laut zu reden – Sir John soll es hören. Die gut gespielte Verzweiflung der beiden Frauen fällt von einem komischen Höhepunkt in den andern. Da hat Frau Reich den rettenden Gedanken: Sir John muß in den (sorgsam vorbereiteten) Wäschekorb. Das ist, bei seinen Körpermaßen, kein leichtes Unternehmen. Aber es muß gehen, oder soll er sich hier vom eifersüchtigen Fluth oder Reich abstechen lassen? Die beiden »lustigen Weiber« mühen sich ab, Sir Johns Leibesfülle im Korb, unter einigen Wäschestücken, verschwinden zu lassen. Dann treten – alles ist bestens vorbereitet – die Hausknechte in Aktion, sie schleppen den Korb zur Tür.

Neunter Auftritt: Gerade als sie soweit sind und von ihrer Herrin nochmals die Weisung entgegengenommen haben, den Korb sogleich hinter dem Hause in die Themse zu schütten, bricht . . .

Zehnter Auftritt: . . . die wilde Jagd herein: der tobende Fluth, Reich, Cajus, Spärlich, Bürger, Bürgerinnen,

Eine Glanzrolle von Max Proebstl als Falstaff in einer Aufführung der Bayerischen Staatsoper, Januar 1957.

Sir John Falstaff (Erich Winkelmann) muß sich trotz seiner Körperfülle in einem Waschkorb verstecken, um der Rache der Ehemänner von Frau Fluth (Hedi Klug) und Frau Reich (Eva Maria Görgen) zu entgehen. Aus einer Aufführung des Staatstheaters am Gärtnerplatz, München, im Dezember 1963.

Neugierige. Die Knechte drängen sich mit dem schweren Korb an allen Leuten vorbei –, und schon sind sie draußen. Die beiden Frauen atmen, beinahe hörbar, auf; nun haben sie gewonnenes Spiel. Es herrscht ein unbeschreiblicher Wirrwarr, Fluth verteilt seine Heeresmacht »strategisch«, alle stürzen davon, in die verschiedenen Gemächer des Hauses.

Elfter Auftritt: Die beiden Frauen sind für einen Augenblick allein und können sich vor Lachen kaum halten. Eine gesunde, wenn auch kalte und nasse Lektion für den ungebetenen Freier, aber auch Herr Fluth bekommt seinen – nicht unverdienten – Teil. Wie soll es nun weitergehen? Die temperamentvolle Frau Fluth ist noch nicht zufrieden: Falstaff soll für den nächsten Tag nochmals zur »Liebesstunde« bestellt werden, und dabei solle es ihm dann nicht besser ergehen als heute.

Zwölfter Auftritt: Alle, die sich an der »Jagd« beteiligten, betreten nach und nach wieder den Raum, recht kleinlaut, wie es scheint. Gerade noch rechtzeitig ermahnt Frau Reich ihre Freundin, keine Siegermiene aufzusetzen, sondern die arme, gekränkte Gattin zu spielen. Sie findet sich großartig in diese Rolle; sie klagt ihr Weh so herzzerreißend, daß schließlich alle wortreich und lautstark über den »Tyrannen« herfallen, der sein unschuldiges Weib zu Tode quäle. Fluth bittet nun um Verzeihung; er habe eine Rechtfertigung –, einen Brief, in dem ihm von der Anwesenheit Sir John Falstaffs bei seiner Gattin berichtet wird. Wie? Was? Frau Fluth täuscht Entsetzen vor. Für eine solche Verdächtigung gibt es nur eins: die sofortige Scheidung. Und nun, in einem glänzenden Finale voll einander jagender, sich kreuzender, übertrumpfender Stimmen weiß Fluth sich kaum noch zu retten. Schließlich fällt inmitten eines wilden Durcheinanders – das, nebenbei gesagt, musikalisch hervorragend organisiert ist – Frau Fluth »in Ohnmacht«. Frau Reich und die anderen Frauen stehen ihr bei, alle Männer gehen ab. Herr Fluth »rauft sich die Haare«. Ein brillanter Aktschluß von höchster Heiterkeit.

ZWEITER AUFZUG

Erster Auftritt: Diese und die folgende Szene existieren in zwei Fassungen; die eine geht auf den Textdichter zurück, die Variante soll dem berühmten Bassisten Emil Scaria (1838–86) zuzuschreiben sein, dem stimmgewaltigen Wagnersänger, der aber auch ein glänzender Sir John Falstaff in Nicolais Oper war und hier Anregungen aus Shakespeares »Heinrich IV.« aufnahm.[1]

[1] Der vollständige Operntext in diesem Buch verzeichnet beide Fassungen. Vergl. S. 61 ff

Die erste Originalszene bringt eine Unterhaltung Fluths mit dem Wirt des Gasthauses, in dem seit längerer Zeit (und mit den entsprechenden Schulden) Falstaff einquartiert ist. Fluth bittet den Wirt, ihn unter einem angenommenen Namen bei Sir John einzuführen. Er will der gestrigen Schlappe, an deren Rechtmäßigkeit er nicht glauben will, ein wenig auf den Grund gehen.

In der anderen Version besteht die erste Szene des zweiten Akts nur aus wenigen Worten: Fallstaff verwünscht alle »Liebesabenteuer und Weibertücken«; dann ruft er nach dem einzigen Trost, der ihm in den meisten seiner Lebenslagen verbleibt: dem Alkohol, in Form von Bier, Wein oder Sekt.

Zweiter Auftritt: In der Originalfassung bejammert hier Falstaff das Mißgeschick des vorigen Tages. Aber er kann die Sache unmöglich auf sich beruhen lassen; denn seine Lage spitzt sich immer mehr zu. Bei den beiden Frauen glaubt er immer noch, zum Ziele gelangen zu können –, und damit zum Vermögen ihrer Männer, denn beide »führen die Schlüssel zu den Geldkästen«; er darf sie also in des Wortes doppelter Bedeutung als seine »Schätze« ansehen. Und wirklich: Der Kellner erscheint und überbringt Sir John – ein Brieflein von Frau Fluth! Sie bedauere zutiefst, so schreibt sie, den gestrigen »Unfall«; und bittet ihn, heute wiederzukommen, da ihr Gatte um neun Uhr morgens auf die Vogelbeize gehen werde. Und sofort gerät Sir John wieder in Ekstase. Er ist eben immer noch unwiderstehlich! Und die Frauen sollen, nebenbei, seine Taschen auffüllen, die gefährlich leer sind. In der Variante geht der gleichen Übergabe von Frau Fluths neuerlichem Brief eine längere Diskussion Falstaffs mit dem Kellner über die aufgelaufenen Schulden voraus.

Dritter Auftritt: Die Bühne belebt sich; eine fidele Jagdgesellschaft kehrt ein und will ihre Kehlen vor der Vogelbeize noch gehörig anfeuchten. Die Bürger begrüßen Sir John, ein wenig ironisch allerdings, da sie ihn und seinen Lebenswandel kennen; und wegen dieses unmöglichen »Ritters« hat Fluth am Vortag einen solchen, noch dazu völlig überflüssigen Spektakel gemacht?

Aber Sir John ist doch noch nicht in allem zur völligen Null geworden: ein Wort gibt das andere –, und dann fordert Falstaff zwei der Bürger zum Wettkampf auf dem Gebiet heraus, auf dem er sich unschlagbar weiß: beim Trinken. Und diesen Wettstreit begleitet er mit einem Trinklied: »Als Büblein klein an der Mutter Brust ...«, bei dem der Männerchor sekundiert. Der übernimmt auch den komischen Trauermarsch, mit dem die »Bierleiche« des einen Bürgers hinausgetragen wird –, ein Kabinettstück drastischen und doch feinen Humors. Schließlich kann auch der andere Bürger nicht länger mithalten. Befriedigt stellt Sir John seinen Sieg fest. Die Bürger ziehen auf die Vogelbeize.

Vierter Auftritt: Der Kellner überbringt Sir John eine Flasche feinsten Weins: ein fremder Kavalier sende sie und bitte um die Ehre, empfangen zu werden.

Fünfter Auftritt: Herein tritt Herr »Bach«, der verkleidete Herr Fluth. Die Begrüßung ist zeremoniös: Zwei Edelleute stehen einander gegenüber. Aber es ist alles nur Komödie, und bald wird der Titel, den Nicolai diesem Stück gab, wahr werden: »Buffo-Duett«. Denn gleich tritt die Komik in ihre Rechte: Fallstaff findet den Gast »charmant«; er hat ihm feinsten Madeira geschickt und nennt ihn nun »den großen, weltberühmten Ritter John«. Diesem Ehrentitel will Sir John gerecht werden und spart nun an nichts, um sich ins beste Licht zu rükken. Besonders, als Herr Bach mit seinem Anliegen herausrückt; es ist seltsam genug: er sei in eine Frau Fluth verliebt, die ihn aber unter Betonung ihrer absoluten Tugendhaftigkeit zurückweist. Wenn nun – Sir John schmunzelt, denn in solchen Angelegenheiten ist er Fachmann – der unwiderstehliche Sir John diese Dame zuerst verführte, dann ...

Das Duett bringt Pointe auf Pointe, man glaubt eine

Falstaff (Erich Winkelmann) vertraut »Herrn Bach«, alias Herrn Fluth (Heinz Friedrich) an, daß er »zum Rasen in eine Madame Fluth verliebt« sei.

französische Komödie von Feydeau zu vernehmen. Falstaff brüstet sich: nichts leichter als das! Diese Frau sei schon so gut wie erobert –, nur sei gestern im entscheidenden Augenblick ihr Mann, »der Narr«, heimgekommen ... Fluths Doppelrolle ist urkomisch: Falstaff gegenüber spielt er den Hocherfreuten, eifert ihn zu diesem Abenteuer an; in Wahrheit würde er vor Wut am liebsten zerspringen oder Sir John ermorden. Nach unbedacht heftigen Einwürfen faßt er sich immer wieder schnell und verkehrt seine Worte ins Gegenteil. Wie das denn abgegangen sei, möchte er wissen. Sir John erzählt vom Wäschekorb; Fluth erinnert sich mit unbeschreiblicher Wut, die er natürlich unterdrücken muß. Sir John ist jetzt in großer Fahrt. Wenn er nur wolle, so werde Frau Fluth noch heute die Seine, sie habe ihn soeben wieder hinbestellt ...

Die beiden neugebackenen Freunde umarmen einander in der Vorfreude auf das sozusagen gemeinsame Abenteuer, gemeinsam verlassen sie Hand in Hand das Gasthaus. Sir John zu Frau Fluth, und »Herr Bach« ebenfalls dorthin, wovon Falstaff nichts ahnt.

Sechster Auftritt: Wieder wird die Haupthandlung – Sir John Fallstaffs mißglückte Liebes- und Geldangelegenheiten – unterbrochen, um die Nebenhandlung – den Kampf dreier Freier um Anna Reich – voranzutreiben. In den Garten von Reichs Haus tritt Spärlich, schüchtern verkündet er seinen Entschluß, die Angebetete hier erwarten zu wollen. Er spricht sich selbst Courage zu, aber es nutzt nicht viel: Als er Schritte hört, versteckt er sich hinter einem Busch.

Siebenter Auftritt: Doch es ist nicht Anna, sondern Dr. Cajus. Auch er hofft, hier die angebetete Anna zu treffen, wenn sie vielleicht im Garten promenieren sollte. Und auch er malt sich die Liebeserklärung aus, mit der er ihr Herz bestürmen will. Diese Szene ist ebenfalls voller Komik, der Situationen wie der Worte. Letzteres etwa, wenn Cajus französisch sagt: »de ma propre bouche« (mit meinem eigenen Mund) und der hinter einem Busch (bouche klingt beinahe ebenso) versteckte Spärlich sich entdeckt glaubt. Cajus fuchtelt mit dem Degen, mit dem er seine Rivalen umbringen möchte. Doch als von fern der Liebesgesang Fentons hörbar wird, verläßt auch ihn der Mut, und er verkriecht sich in ein schützendes Gebüsch.

Achter Auftritt: Mit Fentons Romanze »Horch, die Lerche singt im Hain« gelangt das bisher turbulente humoristische Werk zu seinem ersten lyrischen Ruhepunkt. Nur ab und zu lugen die versteckten Freier hervor und singen zuletzt, von Fenton unbemerkt, ein wenig mit, wenn auch mit anderem Text.

Neunter Auftritt: Sie verkriechen sich schnell wieder; denn nun eilt Anna herbei und wirft sich in Fentons Arme. Das Duettino ist durchaus ernst: Das Mädchen ist unglücklich, da ihre Eltern sie mit einem anderen Manne verheiraten wollen als dem, den einzig und allein ihr Herz begehrt: Fenton. Sie schwören einander aufs neue Liebe und Zugehörigkeit, an der niemand rütteln soll: ein Liebesduett, wie man es sich romantischer nicht wünschen kann.

Dann weitet das Duett sich zum Quartett: Aus ihren Verstecken singen Spärlich und Cajus mit, und sofort sind wir wieder in der komischen Oper. Zärtlich verabschieden sich Anna und Fenton, ohnmächtig blicken die glücklosen Freier von ferne zu.

Zehnter Auftritt: Im Hause Fluths, wie im ersten Akt. Frau Fluth und Falstaff treten auf. Heute erwartet ihn die Entschädigung; die kokette Frau Fluth selbst erkennt an, sie ihm nach der gestrigen bösen Erfahrung schuldig zu sein. Vergnügt reibt der dicke Liebhaber sich schon die Hände, will zur Tat schreiten. (Den Opernkenner verwunderte es nicht, sänge er nun, ganz wie der Baron Ochs von Lerchenau in vergleichbarer Situation: »Ich hab' halt schon amal ein Falstaffsches Glück!« Aber das wurde sechzig Jahre später komponiert . . .) Doch wiederum kommt etwas dazwischen –, und noch dazu genau das gleiche wie gestern: gellende Schreie der Frau Reich, die ihre Nachbarin zu warnen kommt. Wiederum ist der eifersüchtige Ehemann schon dem Hause nahe, wehe, wenn er den vermeintlichen Liebhaber hier erwischte! Wieder der Korb? Entsetzt wehrt der erschrockene Sir John ab: Zwischen dem blanken Degen Fluths und Wäschekorb samt Themsebad fällt ihm die Wahl schwer.

Elfter Auftritt: Da blitzt ein Ausweg auf. Fluth hat einer alten Muhme der Magd, die im Ruf einer Hexe steht, sein Haus verboten. Nun hängt noch ein alter Rock dieser Frau in einer Kammer, und da deren Körperfülle der Sir Johns entsprechen soll, wäre eine solche Verkleidung durchaus denkbar. Schnell verlassen Frau Reich und Falstaff den Raum, um diesen letzten Ausweg einzuleiten.

Zwölfter Auftritt: Da ist schon Fluth. Triumphierend –, denn nun hat er den Kerl gefangen, der ihm gestern entwischte. Sorgsam verschließt er die Tür, steckt den Schlüssel in die Tasche. Ruhig betrachtet ihn seine Frau: habe er schon wieder seine Grillen? Stürmisch halten sie einander alles Erdenkliche vor: Frau Fluth voll feiner Ironie, ihr Gatte immer aufgebrachter. Da bringen die Knechte, gerade wie gestern, den Wäschekorb und wollen an Fluth vorbei. Der spring ihnen in den Weg. Ein zweites Mal werden sie ihn nicht so an der Nase herumführen! Er macht sich daran, alle Wäschestücke aus dem Korb zu werfen –, doch er gelangt auf den Grund, ohne Sir John gefunden zu haben. Seine Frau weiß sich vor Lachen kaum zu halten. Nun, wenn Falstaff dieses Mal nicht im Korb steckte, dann muß er anderswo im Hause verborgen sein. Frisch auf die Jagd! Frau Fluth widersetzt sich, unentschieden tobt der Kampf zwischen ihnen. Pochen an der verschlossenen Tür: Reich, Cajus und Spärlich, von Fluth bestellt, sind angekommen. Die Tür wird geöffnet, und dieses Mal vergißt Fluth, sie abermals hinter den Ankömmlingen abzuriegeln.

Dreizehnter Auftritt: Bitterlich beklagt sich Fluth den Freunden gegenüber, was er von seinem »ehrvergeßnen Weibe« alles ausstehen müsse. Sei der Feind schon gefangen? Noch nicht, gesteht Fluth; aber bei der Hausdurchsuchung, die nun mit Hilfe aller einsetzen solle, werde man ihn, auch gegen Frau Fluths Willen, zutage fördern. Nun, da muß Frau Fluth nachgeben. Sie ruft ins Nebengemach, Frau Reich möge herauskommen und die alte Frau fortführen. Fluth fährt auf: welche alte Frau? Er rast, als er erfährt, es sei »die Hexe«, der er jeden Zutritt zu seinem Hause verboten hat. Mild fleht Frau Fluth alle Anwesenden an – es ist wiederum »halb Windsor« –, sie mögen nicht zulassen, daß der wütende Fluth die arme Alte schlägt.

Vierzehnter Auftritt: Frau Reich naht mit der »Muhme«, die sich auf alle Fragen Fluths schwerhörig stellt, um sich nicht durch Reden zu verraten. Schließlich ist der

Sir John Falstaff wird als »Muhme der Magd« verkleidet.
V. l.: Annelies Kupper (Frau Fluth), Marcel Cordes (Herr Fluth), Max Proebstl (Falstaff), Lilian Benningsen (Frau Reich)
(Bayerische Staatsoper, 1957)

Hausherr so erbost, daß er die »arme Frau« aus dem Hause prügelt. Kaum können die beiden »lustigen Weiber von Windsor« das Lachen verbeißen: ein wenig Prügel gönnen sie ihrem »Verführer«, und einer guten Lektion für Fluths Eifersucht steht nun – zum zweiten Mal in zwei Tagen – nichts mehr im Wege.

Fünfzehnter Auftritt: Das große Jagen beginnt. Unter Führung des immer noch siegesbewußten Fluth verteilen die Männer sich auf alle Räume des Hauses, zur gewaltigen Belustigung der Frauen, die ja genau wissen, mit welcher neuerlichen Blamage die aufgeregte Suche enden wird.

DRITTER AUFZUG

Erster Auftritt: Im Hause der Familie Reich erfolgt nun die Aufklärung der turbulenten Geschehnisse der beiden letzten Tage. Dramaturgisch gesehen, erscheint die Lösung ein wenig früh angesetzt. Da wäre also der letzte Akt jeder Spannung beraubt? Er lebt allerdings tatsächlich nicht mehr von der Spannung der Haupthandlung, er wiederholt das Hauptmotiv – die Bloßstellung Sir John Falstaffs – zum dritten Mal, und dieses Mal sogar ohne das vorher obligate Gegenthema: die Strafe für Fluths Eifersucht. Dafür bietet der Akt den hier ins Parodistisch-Irdische gewendeten Elfenzauber des »Sommernachtstraums« (den Shakespeare wenig vorher geschrieben –, man möchte sagen: gedichtet hat). Und Shakespeare wäre nicht der Urvater der europäischen Dramatik, hätte er nicht auch für den dritten Akt noch eine Pointe.

Nun sitzen also die beiden Familien friedlich um den Tisch, die Männer vernehmen die ungeheuerliche Frechheit Falstaffs und die von den Frauen ersonnene Rache. Fluth bittet seine Gattin beschämt um Verzeihung –, fast zu flehentlich, denn ganz so unbegründet war seine Eifersucht ja eigentlich gar nicht. Allerdings war der Mann, der bei ihr war, »nur« Sir John Falstaff, den auch der eifersüchtigste Ehegatte kaum als Rivalen ansehen dürfte. Der soll nun noch eine, diesesmal endgültige, Lektion erhalten.

Als ob die beiden vorangegangenen Strafen zu wenig wären, soll er nun noch einmal von ganz Windsor gedemütigt werden. Die Frauen unternehmen es, ihn um Mitternacht in den Park zu bestellen, wo nach altem Gespensterglauben um diese Zeit der gehörnte Jäger Herne sein Unwesen treiben soll. Und in dieser Falle, in der er sich – zum dritten Mal – ein Liebesvergnügen verspricht, soll er von allen Arten von »Geistern« geplagt, gezwickt, gestochen werden. Frau Reich erzählt in einem liedmäßigen Gesangsstück die Sage vom Jäger Herne, der einst im Walde von Windsor einen Hirsch jagte und ihn selbst dann nicht verschonte, als das gehetzte Tier sich in den Schutz der heiligen Eiche flüchten konnte. Zur Strafe für diesen Frevel wurde er verurteilt, noch jetzt, lange nach seinem Tode, ein Hirschgeweih auf dem Kopfe, mitternächtlich durch den Wald zu jagen: ein Musikstück, das manchmal weggelassen wird, da es ein wenig aufgepfropft erscheint, wenngleich es dem nicht aus jener Gegend stammenden Zuschauer eine Erklärung für das folgende gespenstische Geschehen gibt. Doch wem singt Frau Reich es vor? Die vier um sie versammelten Personen müssen die Sage ja ebenso kennen wie sie selbst. Wichtiger ist, was nun noch folgt, bevor der Plan zur Ausführung kommt.

Zweiter Auftritt: Alle sind abgegangen, um ihre Rollen in der für den Abend besprochenen Komödie vorzubereiten. Frau Reich wünscht, mit ihrer Tochter ein ernstes Wort zu sprechen. Das nächtliche Spiel scheint ihr zu noch wichtigerem Zwecke tauglich, als nur Sir John nochmals zu bestrafen. Sie will die einmalige Gelegenheit nutzen, um Anna endlich mit dem von ihr bestimmten Freier, Dr. Cajus, zu vermählen. Sie sollen, da alles verkleidet erscheinen wird, einander an der Farbe ihrer Kostüme erkennen, ein Priester sie sofort in der nahen Waldkapelle vermählen. So wird der leidige Ehestreit um Spärlich und Cajus aus der Welt geschafft, und Reich würde am Ende dieses »tollen Tages« (um ein Wort aus Mozarts »Figaro« zu gebrauchen) bestimmt gute Miene zum bösen Spiel machen, das seinen Kandidaten, den unmöglichen Junker Spärlich, um seine Hoffnungen bringt. Also: Anna verkleidet sich als rote Elfe – ordnet die Mutter an –, sie soll Cajus davon verständigen, damit er sie inmitten des nächtlichen Treibens erkenne, entführe und mit ihr getraut werde. So einfach ist das.

Dritter Auftritt: Es kompliziert sich ein wenig. Auch Vater Reich sucht insgeheim einige Worte mit seiner Tochter zu wechseln. Auch ihm erscheint es an der Zeit, Anna endlich zu vermählen, natürlich mit Junker Spärlich und nicht mit jenem unmöglichen Franzosen, den die Mutter vorzieht. Also: Anna verkleidet sich als grüne Elfe, sie verständigt Spärlich, damit er sie erkenne, entführe und mit ihr getraut werde. Während Reich sich befriedigt zurückzieht, erkennt Anna, gehorsame Tochter der »guten, alten Zeit«, ihre wirklich einmalige Chance.

Vierter Auftritt: Anna beschließt für sich den »Aufstand«. Wenn Vater und Mutter einander hier zu täuschen versuchen, dann hat sie, um deren Schicksal es ja schließlich allein geht, bestimmt ein gleiches Recht. Sie wird Cajus und Spärlich von den vorgeschlagenen Farben verständigen und sie zur umgekehrten Verkleidung anregen, was ihr schon in der Vorstellung unbändige Freude bereitet. Sie aber wird als weiße Elfe erscheinen, und das wird nur einer wissen: ihr geliebter Fenton.

Fünfter Auftritt: Der Wald bei Windsor liegt in mildem Sommernachtsmondschein. Die ersten Spieler der Komödie treten auf. Von der einen Seite Reich, Fluth und der als roter Elf gekleidete Spärlich. Von der anderen – – –

Sechster Auftritt: – – – Frau Fluth, Frau Reich und der in einen grünen Elf verwandelte Dr. Cajus. Letzte, geflü-

Falstaff in der Verkleidung des wilden Jägers Herne.
(Radierung von Lovis Corinth)

sterte Gespräche, kleine Schadenfreude bei Frau und Herrn Reich, die einander zu überlisten glauben. Dann setzt leise, beinahe unmerklich der Naturzauber ein: Ferne Chöre besingen Mond und Waldesnacht, ein Glöcklein schlägt irgendwo Mitternacht – es ist genauso, wie man sich eine solche Szene in romantischen Opern vorstellt.

Siebenter Auftritt: Da regt sich etwas im Walde: Falstaff tritt auf. Doch wie sieht er aus! War er schon in seiner natürlichen Gestalt lächerlich genug, so ist er nun als »Jäger Herne« mit einem riesigen Geweih am Kopfe völlig grotesk. Er muß nicht lange ausharren und sich über sein nächtliches Abenteuer Gedanken machen, denn schon naht ... nein, es naht nicht nur die erwartete Frau Fluth, sondern – er ist eben doch ein Glückspilz! – mit ihr Frau Reich. Das wird ein tolles Abenteuer geben!

Achter Auftritt: Schon sind sie bei ihm und beginnen ihr kokettes, ihn bezauberndes Spiel, das ihn fast von Sinnen bringt. Nun nur noch ein verschwiegenes Plätzchen gesucht ...

Neunter Auftritt: Verworrenes Geschrei ist von allen Seiten hörbar geworden, rückt näher, der Wald erhellt sich matt. Schnell verschwinden die beiden Frauen, Falstaff versteckt sich erschrocken. »Elfen« und »Geister« strömen herbei, tanzen im lustigen Reigen, ziehen einen Wagen, auf dem weißgekleidet Titania, ihre Königin, thront. Ihr naht König Oberon, ebenfalls strahlend weiß gewandet. Für träumerische Augenblicke fühlen wir uns in ein anderes Stück versetzt: in den »Sommernachtstraum«. Das Waldesdunkel belebt sich mehr und mehr.

Zehnter Auftritt: Titania streckt ihre Hände nach Oberon aus, sehnt ihn herbei und – – –

Elfter Auftritt: – – – ebenso versöhnlich und zärtlich antwortet er ihr; die Feenchöre jubeln ob dieser lange gewünschten Vereinigung ihrer Herrscher.

Zwölfter Auftritt: Eine Gruppe von gespenstischen Jägern tritt auf, geführt von Reich, der sich als Herne verkleidet hat, ein großes Geweih am Kopf. Er sieht die Frauen nicht mehr, die sich ins Dunkel zurückgezogen haben, er erkennt in Titania und Oberon nicht Anna und Fenton, was seine glänzende Laune bestimmt trüben würde. Seine Kumpane oder Untergebenen fordern ihn auf, sein Horn zu blasen. Aber das gibt keinen Ton von sich: ein sicheres Zeichen für die Geister, daß in der Nähe ein Mensch versteckt sein muß. Sie schwärmen aus und ziehen schließlich Falstaff hinter der großen Eiche hervor. Das Strafgericht beginnt: Er hat die Geisterschar belauscht, das verdient den Tod. Falstaff fällt in furchtbarem Schrecken der Länge nach zu Boden. Herne-Reich ruft Wespen und Fliegen, um den Eindringling so lange zu quälen, bis er gestehe, was ihn zu seiner frechen Tat trieb.

Dreizehnter Auftritt: Nun fallen alle über Sir John her. Inmitten des wilden Tanzes um den Gefangenen entdecken Cajus und Spärlich einander und laufen überglücklich Hand in Hand fort in die nahe Kapelle.

Vierzehnter Auftritt: Es wird immer toller; Masken, Geister, Gnomen, Kobolde wirbeln durcheinander und um Falstaff herum, der geschüttelt, gebeutelt, um sich selbst gedreht, völlig verwirrt wird.

Fünfzehnter Auftritt: Verzweifelt reißt Falstaff das Geweih von seinem Kopf und will flüchten. Da treten ihm im Fackelschein Frau Fluth, Frau Reich und Herr Fluth entgegen. Der Augenblick der Demaskierung ist gekommen. Falstaff macht große Augen. Seine beiden »Liebchen« sind mit von der Partie; und das ist Herr Bach –, und er heißt nicht Bach, sondern Fluth. Falstaff gibt sich geschlagen: Mögen sie alle gemeinsam mit ihm machen, was sie wollen, er ist ein gebrochener Mann. Doch Reich ist nicht so böse, er hat ja auch um ein Kleines weniger Grund dazu. Er lädt den zerschundenen Falstaff zu einem Versöhnungstrunk, bei dem er ihm sogar eine kleine Revanche verspricht: er solle auf Kosten der Frau Reich lachen können, die ihn soeben hier verlacht; denn in dieser vergnügten Nacht habe ihre Tochter Anna den Junker Spärlich geheiratet! Frau Reich erstaunt; sie wisse es ganz anders: zu dieser Stunde sei ihre Tochter Anna bereits Frau Dr. Cajus. Großes Erstaunen beiderseits, das allerdings nicht lange währt.

Sechzehnter Auftritt: Spärlich und Cajus kommen gelaufen, erhitzt und empört. Man hat ihnen einen bösen Streich gespielt und sie, kostümiert wie abgemacht, miteinander getraut!

Siebzehnter Auftritt: Das »Mißverständnis« klärt sich sofort auf. Titania und Oberon treten vor das Ehepaar Reich hin und geben sich zu erkennen: Anna und Fenton, glücklich vermählt. Da nutzt kein »Gottloses Kind!« Reichs, kein »Ungeratenes Mädchen!« seiner Frau, die dann aber dem jungen Paar schließlich doch ihren Segen geben. Zur Feier dieser Hochzeit wird auch Sir John geladen. Ein besseres »happy end« ist kaum vorstellbar.

Zur Geschichte der Oper »Die Lustigen Weiber von Windsor«

Heute zweifelt niemand daran, daß die deutsche Spieloper »Die Lustigen Weiber von Windsor« eine der besten musikalischen Komödien dieses Genres ist. Wer hielte es für möglich, daß ihr Schöpfer, *Otto Nicolai,* zu den unglücklichsten Gestalten der Musikgeschichte gezählt werden muß? Sein Leben verlief als wahres Drama, das nur von wenigen Lichtblicken aufgehellt wurde. Selbst die Epoche der Kindheit, so oft – selbst bei später sich tragisch gestaltenden Schicksalen – als »sonnig« zu bezeichnen, bedeutete für ihn nahezu ununterbrochenes Leiden: Ein brutaler Vater, gescheiterter Musiker, mißhandelt Gattin und Sohn moralisch und nicht selten auch körperlich. Der Sohn weiß lange Zeit hindurch nichts davon, daß dieser Vater die Mutter schlug, während sie mit ihm schwanger ging. Daß er sie bald nach der Geburt aus dem Hause trieb, daß sie in Trübsinn, ja in Wahnsinn verfiel und Jahre brauchte, um wieder ins Leben zurückzufinden. Er wußte lange nicht, daß die Frau, die er im Hause seines Vaters erlebte, seine Stiefmutter war; er nannte sie »Mutter« und ändert an dieser Bezeichnung auch nichts mehr, als er seine leibliche Mutter wiederfindet. Auch die zweite Ehe des Vaters wurde unglücklich und dauerte nicht an –, wie hätte es anders sein können, da bei diesem Manne nichts beständig war?

Er scheint das Talent des Sohnes frühzeitig erkannt zu haben. Und nun dürfte er geschwankt haben: Soll er es mit allen Kräften fördern, um dem Kind vielleicht die Laufbahn zu ermöglichen, die ihm selbst verwehrt blieb? Zeitweise scheint er es versucht zu haben –, allerdings mit dem untauglichen Mittel, das er stets anwendete: mit Brutalität. In *Nicolais* Biographien wird das Martyrium des Sohnes im vom Vater erteilten »Musikunterricht« geschildert. Oder will er ihn gar nicht fördern (obwohl er sich davon sicherlich schon materielle Vorteile ausrechnete), will er ihn demütigen, ihn für das eigene verpfuschte Leben büßen lassen?

Er gibt den Knaben schließlich außer Haus, zu Pflegeeltern, die an ihm manches gutmachen, was der Vater verbrochen hatte. Mit fünfzehn Jahren kehrte *Otto* in das elterliche »Heim« zurück. Und mit jedem Tag setzt sich der Gedanke fester in sein Hirn: davonrennen, ausbrechen, irgendwohin. Und doch ist er schon als Jüngling zu gewissenhaft, um diesen Schritt zu tun, ohne auf die anderen, die es doch irgendwie anging, Rücksicht zu nehmen. Stets hatte er den Vater mit Ehrfurcht behandelt, die Zensuren der Schule übermittelt, gute, sogar liebevolle Worte für ihn gefunden, ihm gedankt mit beinahe überschwenglichen Worten, wenn er einmal ein kleines Geschenk erhielt. Nun da er im Begriffe steht, für immer fortzugehen, begibt er sich zu Bekannten und sendet von dort aus – er ist wenig über $15^1/_2$ Jahre alt – dem Vater den folgenden erschütternden Brief:
»Lieber Vater!! Mit tiefer Wehmut bin ich mir bewußt, Dir, wie meiner guten Mutter und auch dem Onkel Ehrenfried, zwei kummervolle, schlaflose Nächte gemacht zu haben. Gott und Ihr möget mir dies vergeben! – Zwar habe ich auf Deine väterliche Liebe und Güte nun keinen Anspruch mehr zu machen, doch wage ich es tiefbetrübt, noch die letzte Bitte an Dich zu tun, und flehe Dich an, mir diese nicht abzuschlagen: So oft, lieber Vater, hast Du mir gesagt: Du würdest glücklich sein, wenn ich erst von Dir wegkäme und sich ein Unterkommen für mich fände; solange ich bei Dir wäre, würdest Du nie eine frohe Stunde haben; ich möchte nur zu Haesen[1] gehen und Instrumentenmacher werden. Du wolltest mir dann Deinen ganzen väterlichen Segen dazu geben! Ach, lieber Vater, ich habe mich jetzt dazu entschlossen und den Onkel Haesen darum gebeten; bleibe auch Du bei Deinem Versprechen und gib mir nun Deine Einwilligung; gewiß, lieber Vater, ich werde hier ein ordentlicher Mensch werden, fleißig und gut sein und vielleicht einst mein Brot haben. Du hast mir ja frei gestellt zu wählen, was ich will: ach! schlage mir nun auch diese meine letzte Bitte nicht ab! Der gute Herr Haesen will mich nicht nur zu sich in die Lehre

[1] sein früherer Ziehvater.

nehmen, er will mich auch erst zum Religionsunterricht gehen lassen und mich mit allem Nötigen versorgen, wenn Du Deine Einwilligung dazu gibst. O Vater! Du machst vielleicht Deinen einzigen Sohn dadurch zum glücklichen Menschen!! Wo ich diesen Augenblick bin, lieber Vater, schreibe ich Dir aus Furcht nicht, doch ich bin gut aufgehoben und bitte Dich flehentlichst, hebe die einzige Güte gegen Deinen Sohn und schicke ihm eine Antwort an den Chef-Präsidenten und Ritter Herrn v. Wagnern, welcher von allem weiß, ob Du es billigst, daß ich dieses Fach ergreife, oder ob ich mir ein anderes wählen soll, denn in welcher peinlichen Lage ich mich befinde, wie mein Herz schlägt, kann ich Dir nicht beschreiben! Noch einmal bitte ich Dich, lieber Vater, verzeih mir!! – und beruhige die arme Mutter, die sich gewiß meinetwegen auch sehr geängstigt hat. Mit Demut sehe ich Deiner Antwort entgegen als Dein untertänigster und gehorsamster Sohn Otto. Den 16. Februar 1826.«

Otto Nicolai kehrt in das Haus des Instrumentenmachers *Haesen* zurück, wo er bereits früher in Pflege gewesen war. Nun aber als Lehrling, als junger, sich des Ernstes des Lebens und besonders seiner eigenen Lage bewußter Mensch. Er ahnte vorläufig wohl nur, daß sein Dasein irgendwie mit Musik zu tun haben werde, und Instrumente zu bauen, damit andere auf ihnen musizieren und die Kompositionen Dritter darauf spielen könnten, erschien ihm schon ein erstrebenswertes Ziel. Aber die Monate, die er nun mit dieser Lehre im Hause des »guten Herrn *Haesen*« verbrachte, genügen, um neue Kräfte in ihm zu wecken. Man geht sicher nicht fehl, wenn man hier den Anstoß zu seiner Laufbahn sieht. Ob die Erkenntnis über Nacht in seine junge, empfängliche Seele fällt, oder ob sie ihm von Tag zu Tag gewisser wird, bis sie unverrückbar feststeht –, niemand weiß es. Eines Tages weiß er es: Er muß fort aus Königsberg, fort aus dieser Lehre, die einen Handwerker aus ihm macht, während es ihn nun dazu treibt, ein Musiker zu werden, fort aus der ständig bedrohenden Nähe des Vaterhauses, das in Wahrheit nur das »Haus des Vaters« ist, nicht aber ein »Vaterhaus«, wie es der tiefere Sinn dieses Wortes verständlich machen will. Und

so lesen wir das zweite, nicht weniger ergreifende Dokument aus *Nicolais* Leben:
»Herrn Musikdirektor C. E. D. Nicolai, Wohlgeboren, hier. Königsberg, den 6. August 1826. Mein sehr geliebter Vater! Glaubst Du vielleicht, daß ich nicht aus dem Grunde meines Herzens Dich so nenne? O, ganz gewiß! Gerne hätte ich Dich, die Mutter und mein Schwesterchen noch einmal gesehen, doch die Furcht vor Deinem gerechten Zorne hielt mich ab, Dich zu besuchen. O fluche mir nicht, mein Vater. Verzeihe mir und schenk mir Deinen Segen! Wer weiß, ob wir uns jemals wiedersehen! – Morgen um 4 Uhr des Morgens fahre ich von hier nach Berlin mit Gelegenheit[1] und von da nach Breslau zu meiner Mutter. Im Vertrauen auf Dein väterliches Gefühl, was mich Verzeihung hoffen läßt, werde ich Dir von meiner Lage zuweilen Nachricht geben, doch antworte auch Du dann und tröpfle Balsam in das wunde Herz Deines Dich ewig, ewig liebenden Sohnes Otto Nicolai.«
So zieht *Otto Nicolai* in die »Welt«, geradeso wie das romantische Zeitalter es sich für seine jungen Menschen aller Stände und Berufe vorstellte. Es war sicherlich nicht immer so romantisch, wie spätere Zeiten es in vergoldender Erinnerung an eine »heile« Welt sehen wollten. *Otto Nicolais* Fahrt, mit einem einzigen Taler in der Tasche, bedarf noch eines Dichters: Chronisten gab es keinen. Der Jüngling »gab Konzerte«, wie es heißt, um sich durchzuschlagen, denn der einzige Taler war begreiflicherweise bald verbraucht. Spielte er so gut Klavier? In Stargard/Pommern nimmt der »Divisions-Auditeur«[2] *August Adler* sich seiner an – ein musikliebender Mann, der *Nicolais* Talent erkennt. Nach einer wohl geruhsamen Wanderpause in seinem Haus befördert er ihn geradewegs in die Hauptstadt, die als Ziel von vornherein vorgesehen, aber möglicherweise wegen der großen Entfernung nicht in einer einzigen Reise zu bewältigen war: Berlin. Die große preußische Stadt, aufstrebend in jeder Hinsicht,

[1] zur Mitfahrt eingeladen.
[2] Militär-Richter.

Ein Wahrzeichen von Berlin: das Brandenburger Tor, vom Pariser Platz aus gesehen.
Nach einer Lithographie von Loeillot, um 1845.

wird der Ausgangspunkt für *Nicolais* Laufbahn. Aber diese verläuft »international« wie wenige. Die soliden Kenntnisse der musikalischen Technik erlernt *Nicolai* bei einem Meister, der in seiner Zeit und Umwelt eine hochbedeutsame Rolle spielte: *Carl Friedrich Zelter.* Im Gegensatz zum Vater, der zehn Jahre früher – bevor er ihm das Leben im Hause verbittert und unmöglich gemacht hatte – gewaltsam versuchte, aus *Nicolai* ein Wunderkind nach *Mozarts* Vorbild zu formen und so selbst zu Ruhm, Ehren und Geld zu kommen, erzieht *Zelter* den Jüngling nun ernsthaft und grundlegend zum künftigen Musiker. Wer weiß heute noch viel von *Zelter?* Nur die mit der deutschen Musik jener Zeit näher vertrauten Liebhaber. Sie kennen den Goethefreund, der auf den Weimarer »Olympier« und seinen musikalischen Geschmack bedeutenden, ja entscheidenden Einfluß übte – so entscheidend, daß *Goethe Zelters* und *Reichardts* Vertonungen seiner Lieder weit über die *Schuberts* stellte. Sie wissen um *Zelters* epochale Tat der »Liedertafel«-Gründung, von der eine ganz Deutschland durchziehende Bewegung, die breiten Massen musikalisch zu mobilisieren (in engem Zusammenhange mit der freiheitlichen Politik), ausging. Sie kennen *Zelters* berühmteste Schüler: *Mendelssohn, Meyerbeer* – die beiden vielleicht (nach dem Tode *Rossinis*) gefeiertsten Komponisten jener Tage. Aber sie ahnen wohl nicht immer, daß manche heute als »deutsches Volkslied« geltende Melodie aus der Feder *Zelters* stammt: »Der König von Thule«, »Ich hab' mein Sach' auf nichts gestellt«, »Das Tagewerk ist abgetan«, »Die heiligen drei König' mit ihrem Stern« und manche andere Volksweisen. Das bedeutet, daß seine Inspiration genug »volkstümliche« Elemente enthielt, um seine Kompositionen wahrhaft populär zu machen, und damit manchen Goethetext dem Empfinden der Menge nahezubringen, die von hoher Poesie vielleicht wenig oder nichts verstand. Natürlich steht *Zelter* in dieser Bewegung keineswegs vereinzelt da; er gehört in die Reihe vieler Musiker, deren romantische Lieder in den ersten Jahrzehnten des 19. Jahrhunderts zu Volksliedern wurden: *Wenzel Müller, Conradin Kreutzer, Franz Abt, Friedrich Silcher, J. F. Reichardt, Joseph Drechsler,* außer den »ganz Großen« *Weber, Schubert, Mendelssohn* . . .

Zelter starb 1832, und *Nicolais* Lehrzeit ging zu Ende. Sie war hart, sehr hart gewesen. Mit dem Erteilen von Musikunterricht hatte der junge Mann sich über Wasser gehalten und sein Studium bezahlt. Der Vater hatte sich um ihn nicht gekümmert. Er wird es erst wieder tun, wenn er annimmt, daß dessen Fortschritte groß genug sind, um den Vater zu unterstützen. Und da auch die Mutter in sehr ärmlichen Verhältnissen ihr Leben fristen muß, lernt der junge Musiker sehr frühzeitig die Not kennen, das Rechnen mit Pfennigen, ja sogar das aufgezwungene Schuldenmachen, das ihn tief bedrückt.

Er ist – 1833 – dreiundzwanzig Jahre alt, als auf Wunsch des preußischen Königs ihm die Stelle eines Organisten bei der Gesandtschaft in Rom übertragen wird, mit der Auflage, in der Ewigen Stadt seine Kenntnisse der Kirchenmusik zu vertiefen. Zwei Gebiete sind es vor allem, die ihn fesseln: die Werke *Palestrinas* und die musikalische Geschichte der Sixtinischen Kapelle. Aber beide füllen ihn nicht so restlos aus, daß daneben nicht noch Raum bliebe – ein ständig wachsender Raum, der bald sein gesamtes Sinnen und Trachten einnehmen wird – für die Oper. Die Kombination war keineswegs neu –, mochte derartiges auch bei den deutschen Kantoren undenkbar scheinen, aus Italien ließen sich namhafte Beispiele anführen.

Am 7. Januar 1834 fängt *Nicolai* an, ein Tagebuch zu führen. Es beginnt mit den Reiseeindrücken, die er auf der Fahrt zu seinem Ziele Rom empfängt: Venedig, Florenz, dann der Karneval in der Stadt, in der er sich nun niederläßt. Er berichtet von der Kirchenmusikpflege, von den Theatern, von Vergnügungen und Gelagen, immer wieder von »schönen Frauen«, die er kennenlernt. Er zieht Vergleiche zwischen der Musikausübung in Deutschland und in Italien, die zumeist zugunsten seiner heimatlichen ausfallen: »O mein Deutschland!« ist da etwa zu lesen. Dann aber wieder zeigt er sich vom Gesang in der Peterskirche begeistert. Eine täglich neue Fülle von Eindrücken, von Bewunderung bis zu schwersten Ausfällen schwankend.

Am ersten Geburtstag, den er in der Fremde zubringt, am 9. Juni 1834 also, trägt er in sein Tagebuch ein: »... Wie traurig ist es, daß ich weder im Kreise meiner Verwandten diesen Tag zubringen kann, noch auch nur von ihnen einen Brief oder Zeichen von Teilnahme erhalte! Gerade die Dinge, die mich im Leben am meisten glücklich machen würden, muß ich entbehren! Vielleicht hat mir Gott es vorbehalten, im spätern Alter die Freuden des Familienlebens genießen zu können ...« Er konnte freilich noch nicht ahnen, daß keines von beidem bei ihm eintreten würde: weder das »spätere Alter« noch die »Freuden des Familienlebens«.

Eine Andeutung davon, daß *Nicolais* Leben nicht lange währen würde, entnimmt der spätere Beobachter aus den verhältnismäßig häufigen Eintragungen in seinem Tagebuch über Krankheiten und Schmerzen, die *Nicolai* immer wieder überfallen. Mittwoch, 26. März 1834: »Vormittags krank zu Bett gelegen, außer den Brustschmerzen, die ich schon seit mehreren Wochen habe, litt ich heute noch an Leibschmerzen.« 2. Oktober 1834: »Ich leide wieder sehr am Halse, zugleich mit Husten und Brustschmerz diesmal. Wie Gott will!« 18. November 1834: »Ich bekomme immer mehr Stunden bei den Engländern; doch wird meine Gesundheit wohl zu schwach sein, ich habe schon wieder Halsschmerzen, da ich einige Lektionen gebe. Ich kann das viele Laufen und Sprechen nicht vertragen.« Zu diesem Zeitpunkt ist *Nicolai* 24 Jahre alt . . .

Auch von interessanten Begegnungen mit Musikern ist die Rede. *Donizetti:* ». . . ein feiner, liebenswürdiger Mann von schöner Gestalt – etwa fünfunddreißig Jahre alt[1] «; *John Field,* ein damals berühmter Komponist und Pianist, romantischer Ire von Bedeutung in der Entwicklung der Klaviertechnik, übrigens sehr wahrscheinlich der Erfinder der später bei *Chopin* so wichtig gewordenen Gattungsbezeichnung »Nocturne«, begegnet *Nicolai* in Neapel, »ein greiser, aber imponierend aussehender Mann . . . sehr leidend . . . bedauernswert, einen so ausgezeichneten Mann in einem so elenden Zustand anzutreffen«[2]; *Rossini* schließlich, »noch nicht alt[3] und hat ein galantes Gesicht. Die ganze Welt spricht schlecht von seinem Charakter, es soll kein wahres Wort aus ihm kommen. Kann man denn ein so großer Künstler und dabei schlechter Mensch sein? . . .« und drei Tage später: ». . . ich war bei ihm, er empfing mich sehr artig und forderte mich selbst auf, ihm einiges von meinen Arbeiten zu zeigen. Er versprach mir einen Brief nach Mailand. Ich war gestern und vorgestern morgens bei ihm. Er lebt hier sehr einfach, geht früh schlafen und steht früh auf. Ich habe Rossini übrigens nicht so falsch gefunden, als er ausgeschrieen wird . . .«

[1] Donizetti, 1797 geboren, war damals 38 Jahre alt.
[2] John Field, 1782 geboren, war 53; er starb 2 Jahre später (1837).
[3] Rossini, 1792 geboren, war im Augenblick der Begegnung (1836) knapp 45 Jahre alt, aber schon seit 7 Jahren vom Theater zurückgezogen.

Auch von *Ambroise Thomas* ist die Rede, einem »französischen Pensionär der Akademie (Musiker)«; es ist der Rompreisträger, ein Jahr jünger als *Nicolai,* später berühmt durch seine Opernerfolge mit »Mignon« und »Hamlet«. Und tief beeindruckt zeigt *Nicolai* sich von der jungen spanischen Sängerin Maria Malibran: »... ein geniales Weib, davon habe ich heute mehrere Beweise gehabt ...« Er erwähnt, sie habe – außer daß sie mit *Nicolai* ein Duett aus Mozarts »Don Giovanni« den versammelten Gästen einer Abendgesellschaft vorsang – »ein gewisses Thema aufs Tapet gebracht«, das er im Tagebuch zitiert und über das er gleich am nächsten Morgen ein Rondo komponiert. Er überreicht es ihr noch am gleichen Abend, als sie wiederum gemeinsam zu einer musikalischen Soirée geladen sind, aber nun klingt die Eintragung wesentlich anders: »Die Malibran war so gütig, das für sie komponierte Stück über das dumme, von ihr aufgebrachte Thema, kaum anzuhören ...«
Die italienischen Tage gehen vorüber, aber trotz aller abfälligen Bemerkungen über das dortige Musikleben sowie über hundert andere wirkliche oder eingebildete Mißstände ist *Nicolais* Wunsch, gerade dort, im Mutterland der Oper, einen Auftrag zu einem solchen Werk zu bekommen, übermächtig geworden. Doch wird es noch eine Zeitlang dauern, bis es dazu kommt. Im Augenblick vermag nicht einmal *Rossinis* Empfehlungsbrief an den großen Mailänder Impresario und Beherrscher der Scala, *Merelli,* ihm eine solche ersehnte »scrittura« zu verschaffen. Warum hätte man sie auch geben sollen? Er hatte auf diesem Gebiet noch nichts geleistet, und Mailand war, gerade wie andere italienische Städte, voll mit Opernkomponisten, die zumindest bewiesen hatten, daß sie das Metier beherrschten. Zu diesen gehört – und an prominenter Stelle – *Saverio Mercadante,* der eben in Mailand seine Oper »Il Giuramento« (Der Schwur) einstudiert; eine Eintragung Nicolais im April 1837 berichtet, sie habe »Furore gemacht[1] und verdient es«.

1· ursprünglich italienischer, ins Deutsche übernommener Ausdruck für »Aufsehen, Sensation«.

Er bricht also nach Norden auf: »Inzwischen war von Wien der Kontrakt der dortigen Direktion des kaiserlichen Hoftheaters am Kärntnertor angekommen. Ich bin als Kapellmeister mit 1200 Gulden Gehalt engagiert. In diesem Monat noch muß ich dort sein!«, lesen wir im Mai 1837 im Tagebuch. Die längeren Folgerungen, die er daran knüpft, beziehen sich auf nichts Künstlerisches, sondern auf den schweren Abschied, den er von einer Mailänderin nimmt: »Wie soll ich es ertragen, Armida zu verlassen?! Wenn sie mitkommen wollte?!« Doch *Armida* will ebensowenig, wie andere vor- und nachher ihr Schicksal – zumeist nach einer mehr oder weniger intensiv verliebten Zeit – mit dem *Nicolais* verbinden wollten. *Armida* war übrigens verheiratet und sah vielleicht klarer als *Nicolai,* welche Hindernisse ihre katholische Ehe einem Bund mit ihm entgegensetzen mußte. *Nicolai* tröstete sich übrigens schnell: bei den meisten seiner Liebschaften wird ihm bald nach deren Scheitern klar, daß sie ihm wohl kein Glück gebracht hätten.

Wien, die große Musikstadt. Wieso das kaiserlich-königliche Operntheater den jungen, als Dirigenten völlig unbekannten *Otto Nicolai* engagieren konnte, bleibt ein Rätsel. Aber seine Ernennung war ein Treffer, ein Haupttreffer für Wiens Musikleben. Das will nicht besagen, daß ihm sein Amt leicht gemacht wurde: ». . . Viel Ränke und Kabalen hat man mir schon in den Weg gelegt. Rechtlichkeit und guter Wille wird sie besiegen . . .«, steht am 23. Juni 1837 in *Nicolais* Tagebuch, drei Tage bevor er zum ersten Mal ans Pult treten soll.

Das Dirigieren war eine völlig neue Kunst, *Nicolais* Generation die erste, die mit ihr konfrontiert wurde. Sein Vorbild war *Spontini,* der bedeutende Italiener, der es vor allem in Berlin zu höchsten Ehren, zum wohl erstmals verliehenen Titel »Generalmusikdirektor« brachte. Zu den frühesten Dirigenten Deutschlands gehörte vor allem der noch sehr junge *Mendelssohn,* der bereits ein glänzender Kapellmeister gewesen zu sein scheint. Vorher hatte der Leiter einer musikalischen Aufführung vom Cembalo aus, das er selbst spielte, seine Anweisungen gegeben. *Mozart* dirigierte nicht

Gasparo Spontini
Der erste Generalmusikdirektor
der Lindenoper, Berlin
(1820 bis 1841).

im heutigen Sinne: er »accompagnierte«, wie man die Tätigkeit des Cembalisten nannte. Erst das zu Beginn des 19. Jahrhunderts beginnende Anwachsen der Orchester machte gleichzeitig das Cembalo überflüssig (das sich klanglich nicht mehr bemerkbar machen oder gar durchsetzen konnte) und rief nach einem wirklichen »Dirigenten«, der den vielfältigeren Klang steuern könnte. Und so begann der Aufstieg des Kapellmeisters, schon rein äußerlich: Denn anstatt auf der Höhe der Spieler zu sitzen, erklimmt er nun eine im wahrsten Sinne »erhöhte« Position; er steigt auf ein Podest, ein kleines Podium, von dem aus er die Masse der Spieler überblicken und von diesen ohne Anstrengung in jeder seiner Bewegungen verfolgt werden kann. Denn jede seiner Bewegungen beginnt eine Bedeutung zu erlangen. Auf eine

kurze Etappe des primitiven Taktschlagens folgt sehr bald die Übermittlung immer subtilerer Nuancen, deren Beachtung gerade die Qualität eines Orchesters – ebenso wie eines Solisten – ausmacht.
Nicolai gehörte zu den frühesten Dirigenten von Bedeutung. Zur Generation, die es nicht erlernte, sondern entdecken mußte. Gewiß, sein Lehrer *Zelter* hatte große Chöre dirigiert, hatte Aufführungen geleitet, bei denen beträchtliche Klangmassen zusammenwirkten. Das hatte schon *Händel* ein halbes Jahrhundert vorher in England getan, und er hatte sich dazu bereits einer mächtigen Notenrolle bedient, die er in der Rechten schwang. Aber von da zur wahren Kunst des Dirigierens war ein weiter Weg. *Nicolai* muß ihn intuitiv gegangen sein, so wie andere Musiker seiner Generation, *Berlioz* etwa, *Mendelssohn, Weber;* und, wohl in besonderem Maße, *Richard Wagner.* Er übt die neue Kunst nicht nur glänzend aus, sondern verbreitet sich auch theoretisch darüber in selbst heute noch sehr lesenswerten Ausführungen. Wahrscheinlich liegt in der Tatsache, daß die »Kapellmeisterei« noch keine Tradition und keine wahre »Schule« besaß, die Erklärung, weshalb ein so wichtiges Institut wie die Wiener Hofoper (deren Verläufer das Kärtnertor-Theater ja war) *Nicolai* engagieren konnte, obwohl er noch niemals eine Oper geleitet, ja nicht einmal einstudiert hatte.
Er schickte seinem ersten Auftreten ein Rundschreiben an die Orchestermitglieder voraus: »An die geehrten Mitglieder des k.k.Hof-Opern-Theater-Orchesters. Der Gefertigte ist durch die verehrte Administration dieses k.k.-Hof-Operntheaters aufgefordert worden, morgen abend, den 26., eine Ouverture seiner Komposition ausführen zu lassen, wozu die Probe morgen früh um 9 Uhr stattfinden wird. Er wünscht bei dieser Gelegenheit, bei welcher er zum ersten Mal das Orchester dirigieren wird, zugleich den ersten Satz von einer seiner größeren Symphonien zu probieren und rechnet dabei auf die Gefälligkeit der geehrten Orchestermitglieder. Er wünscht sich aufrichtig Glück, einen Posten zu bekleiden, auf den er stolz ist, und tritt denselben mit dem Versprechen an: stets das Beste der Kunst und des

Orchesters im Auge zu haben und zu befördern. Wien, am 25. Juni 1837. Nicolai, Kapellmeister an diesem k.k.Hof-Operntheater, königlich-preußischer Musikdirektor und Ehrenmitglied mehrerer Akademien der Musik.« – Ein Dokument, das in mehrfacher Hinsicht interessant ist. Der siebenundzwanzigjährige *Nicolai* hat bereits mehrere »größere Symphonien« komponiert. Er trägt den Titel eines »Preußischen Musikdirektors«, der ihm vom König für seine verdienstvolle Arbeit an der Gesandtschaft in Rom verliehen wurde, ohne daß dieser Posten ein wirkliches Amt bedeutete. Er ist »Ehrenmitglied mehrerer Akademien der Musik«, was sich auf entsprechende Titel italienischer Institutionen bezieht. (Ob die Aufzählung dieser Auszeichnungen bei der Gelegenheit des ersten Kontakts mit seinen zukünftigen Untergebenen opportun war oder nicht, sei hier nicht untersucht; kein Orchester der Welt wird durch die Titel seines Dirigenten beeindruckt, sondern nur durch dessen Leistung.)

Noch eines fällt auf: daß *Nicolais* erstes Auftreten in Wien anscheinend nicht mit einer Oper erfolgte, sondern einer »Akademie« – dem damaligen Namen für Konzert –, und daß dabei eine seiner Ouvertüren gespielt werden sollte: Woraus bestand der Rest des Programms? Bemerkenswert auch: eine einzige Probe. Es war die Norm der damaligen Zeit. Für *Beethovens* in seiner Zeit ungeheuer schwierige Orchesterwerke war ebenfalls selten mehr als eine einzige Probe anberaumt. Waren die Orchester so gut und erfahren? Im Gegenteil, sie würden heute, so gute Einzelspieler sie auch besessen haben mochten, kaum den Rang eines guten Amateurensembles einnehmen können; bestenfalls besetzten sie im gegenwärtigen deutschen Musikleben den Rang, der offiziell mit »C« bezeichnet wird. Doch »A« und »B« gab es damals nicht, also waren die Leistungen einzelner Orchester eben die höchsten, die man sich damals vorstellen, ja erträumen konnte. Zu diesen hatten im 18. Jahrhundert wohl *Haydns* Ensemble im Eisenstädter Palais Esterhazy gehört und die Mannheimer Hofkapelle unter *Stamitz*. Vielleicht war auch das Wiener Opernorchester für damalige

Begriffe hervorragend, oder *Nicolai* machte es dazu, wie wir später erfahren werden.
Doch auch Wien erschließt sich ihm nicht beim ersten Anlauf. Waren es »Ränke und Kabalen«, die ihn bereits nach einem Jahr forttrieben? (Siebzig Jahre später kapituliert, allerdings nach zehnjähriger Tätigkeit, *Gustav Mahler* vor eben diesen »Begleiterscheinungen« der Hofopernstellung.) Am 3. Juli 1838 lesen wir im Tagebuch: »Mein Engagement in Wien war mit dem 1. Juni aus. Es ist nicht erneuert worden. So ziehe ich denn wieder nach Italien . . .« *Merelli* hat *Nicolai* Hoffnung auf einen Kapellmeisterposten an der Turiner Oper gemacht; aber es wird nichts daraus. Aber die Fahrt dorthin lohnt sich doch in zweifacher Hinsicht: Er springt für den erkrankten Dirigenten ein und leitet *Mercadantes* Oper »I Briganti«; und er lernt den prominenten Librettisten *Felice Romani* kennen, der »in Italien vergöttert ist«, wie er seinem Tagebuch anvertraut. Nicht mit Unrecht: von *Romani* stammen sieben Texte für *Bellini,* darunter »La Straniera«, »I Capuleti ed i Montecchi« und »Norma«; zahlreiche für *Donizetti,* darunter »L'elisir d'amore«, »Anna Bolena«, »Lucrezia Borgia« und ungezählte weitere für *Mercadante, Meyerbeer* und eines für den jungen *Verdi,* das allerdings noch nicht geschrieben war, als *Nicolai* den Librettisten kennenlernte und ihm erzählte, er habe einen seiner Texte, »Rosmonda«, soeben in Wien vertont. *Romani* erbietet sich, den Stoff nochmals umzuarbeiten; so entsteht »Enrico II.«, der ein Jahr später, mit Uraufführung am 26. November 1839 in Triest, zu *Nicolais* erstem Bühnenauftritt werden soll.
Zugleich mit dieser Abmachung schließt er mit dem Impresario *Giacone* in Turin einen Vertrag ab, laut dem er für das dortige »Teatro Regio« eine Opera seria, eine ernste Oper, liefern soll; als Termin der ersten Aufführung ist die Karnevals-Spielzeit 1840 vorgesehen. Es ist dies die übliche Epoche des wichtigsten italienischen Opernspiels. Das war schon zu *Mozarts* Zeiten so – die für *Nicolai* bereits längst vergangene historische Erinnerungen bedeuten – und hat sich bis ins 20. Jahrhundert nicht nennenswert verändert. Neben

dieser Hauptspielzeit gibt es noch solche zu besonderen Anlässen: So berichtet *Nicolai* etwa von einem zweiwöchigen Opernspiel in Venedig (vom 5. bis 20. Oktober 1838) zu Ehren des dort weilenden Kaisers von Österreich (zu dessen Reich ja damals Venetien und die Lombardei gehörten). *Nicolai* ist nun so weit, wie er kommen wollte: Opernkomponist im Opernlande Italien zu sein.

Wir lernen also den Meister der »Lustigen Weiber von Windsor« in einer Eigenschaft kennen, in der ihn die wenigsten Verehrer dieses genialen deutschen Lustspiels kennen oder auch nur vermuten. Und die Tatsache dieser Hinneigung zur italienischen Oper wirft grundsätzliche und persönliche Fragen auf, die im Hinblick auf *Otto Nicolai* ein wenig näher untersucht werden müssen. Eines seiner Worte lautete: »Deutsche Schule muß sein, das ist die erste Bedingung, aber italienische Leichtigkeit muß dazukommen. So ist Mozart entstanden, und wenn ich seinen Geist hätte, so könnte ich auch was Gutes machen.« *Nicolai* erkennt sich also beides zu: die deutsche Schule und die italienische Leichtigkeit. Aber beides wahrhaft miteinander zu verschmelzen, das wird ihm erst im letzten seiner Werke, eben den »Lustigen Weibern von Windsor«, gelingen.

Er hat sich oft zum Thema »deutsch oder italienisch«, zum vermeintlichen Zwiespalt der beiden Nationen in der Oper geäußert. Am deutlichsten in einem Aufsatz, den er in zwei Beiträgen, am 28. März und 4. April in der von *Schumann* gegründeten und geleiteten Leipziger »Neuen Zeitschrift für Musik« veröffentlichte. Er trägt den Titel »Betrachtung über die italienische Oper im Vergleich zur deutschen«. Darin steht unter anderem: »Wir Deutsche könnten in der Musik manches von den Italienern lernen; doch diese unstreitig noch mehr von uns. Nur aus der Mischung beider Schulen kann für die Oper etwas sich mehr der Vollkommenheit näherndes, mehr absolut schönes hervorgehen. Mozart und Gluck wußten das!« Diese Behauptung kontrastiert ein wenig mit anderen *Nicolais,* in denen er seine Hochachtung für *Bellini* ausdrückt. Er stellt dann fest, daß in Italien »die ganze Nation dasselbe Urteil fällt«, während das deutsche Publikum »in unendliche Parteien zersplittert« sei; dann heißt es: »Der Italiener geht in's Theater, um sich zu vergnügen. Das tut der Deutsche zwar auch; aber er findet sein Vergnügen in etwas anderem als der Italiener. Ich entsinne mich bei Rochlitz[1] (in dessen Schriften ›für Freunde der Tonkunst‹) die Äußerung gelesen zu haben, daß der wahrhafte Genuß in der Tonkunst erst da stattfinde, wo dieselbe unser Denkvermögen beschäftigt. Das ist wahrhaft deutsch! Der Italiener dagegen sieht das schon als eine Arbeit an, er will nicht sein Denkvermögen, sondern sein Ohr und zwar angenehm beschäftigen . . .«

Schließlich zieht *Nicolai* noch einen wesentlichen Vergleich: Er behauptet, italienische Opernmelodien blieben stets »wohlklingende Musik«, selbst wenn man sie »instrumentaliter« vortrüge, also ohne den dazugehörigen Text, während in einem solchen Falle von deutschen Opern kaum etwas übrigbliebe. Daraus schließt *Nicolai* in spitzer Formulierung: »Die deutsche Opernmusik enthält demnach Philosophie genug – aber nicht Musik genug; die italienische dagegen enthält Musik genug – aber nicht Philosophie genug.« Spitz formuliert, aber – wie die meisten geistvoll knappen Formulierungen – anfechtbar. Das ruft die Erwiderungen geradezu auf den Plan. Und *Schumann* hat in seiner Zeitschrift ein ausgeklügeltes System in die Praxis umgesetzt: Er ergreift selbst oft und gern das Wort zu Beiträgen, sei es in zustimmender, sei es in polemischer Form, woher er im Namen der »Davidsbündler« zu sprechen vorgibt, jener zwar wirklich bestehenden, von ihm aber in der Fantasie vielfach überhöhten Runde von Freunden und romantischen Gesinnungsfreunden, die auch in seinen Kompositionen eine Rolle spielen. Und er beauftragt außerdem einen seiner Mitarbeiter, zu dem von ihm abgedruckten Artikel polemisch Stellung zu nehmen.

Und so wird *Nicolais* Aufsatz über die deutsche und italienische Oper von »Gottschalk Wedel« zerpflückt, hinter wel-

[1] Johann Friedrich Rochlitz (1769–1842), hochgeachteter Musikschriftsteller in Leipzig, Gründer und Leiter der »Allgemeinen Musikalischen Zeitung« (1796–1818).

chem Pseudonym sich *Florentin von Zuccalmaglio* verbirgt[1]. Der geht mit *Nicolais* Ansichten recht unsanft um und nimmt schließlich sogar, obwohl er es ansonsten an »deutschen« Ansichten nicht hat fehlen lassen, Italien geradezu in Schutz: »Hier scheint mir unser Autor[2] dem schönen Italien recht sehr Unrecht zu tun ... Lesen wir die Werke Palestrinas, Pergolesis, Leos, Carissimis ... und Scarlattis und fragen wir uns, ob diese Männer nicht gedacht, geforscht, gefühlt und gestrebt haben; nehmen wir Salieri[3] und Cherubini[4], um uns darzutun, daß der Italiener zu allem Großen und Schönen fähig. Unter denselben duftenden Zitronen[5] ersann Buonarotti[6] seine Peterskuppel, Galiläi seine Fernröhre, Ariosto seinen Roland, Dante seine Hölle ... die gewaltigen Römer und die sinnigen Italier des Mittelalters lebten unter demselben lauen Himmel, und am Rhein und in Schwaben ist der Wein billig, und doch sind die Leute fleißige Denker – und denken Gutes und Schönes ...«

Nun, *Nicolais* Aufsatz entstand, bevor er die italienischen Opernaufträge, nach denen er sich stets gesehnt hatte, wirklich erhielt. Und als sie da waren, stürzte er sich begeistert in das Abenteuer. Vielleicht erschien ihm sogar sein Name als gutes Omen: denn *Nicolai* klang viel mehr italienisch als deutsch. Bei den Hochrufen im Theater würde das Publikum also keine Schwierigkeiten haben.

Es hatte sie tatsächlich nicht, als am 11. Februar 1840 in Turin seine Oper »Il templario« erstmals in Szene ging und stärksten Erfolg errang. *Nicolai* schien ein in Italien durch-

[1] siehe auch Ingrid Samsons Aufsatz »Otto Nicolai als Mitarbeiter Schumanns« in der »Neuen Zeitschrift für Musik«, Juni 1960.

[2] Nicolai.

[3] Antonio Salieri, Mozarts Zeitgenosse und »Rivale«, Inhaber höchster Stellungen in Wien. Es scheint interessant, daß dieser nach seinem Tode viel zu niedrig eingeschätzte Musiker hier als Musterbeispiel des italienischen Geistes genannt wird.

[4] Luigi Cherubini, von seinem Zeitgenossen Beethoven hoch verehrt, ein großer Meister.

[5] »Wedel« bezieht sich hier auf einen Absatz im Artikel Nicolais: ».. . das Klima macht den Charakter der Leute! Wo die Zitronen blühn und der Wein fast nichts kostet, da sehen die Leute das Denken als eine Arbeit an.«

[6] Michelangelo, mit dem Zunamen Buonarotti, u. a. Schöpfer der Kuppel des Doms zu St. Peter.

schlagend arrivierter Komponist zu sein. Er hat in seinem Tagebuch berichtet. Doch wollen wir vorher einige Zeilen über die Premiere des »Enrico secondo« zitieren, die ein merkwürdiges, uns beinahe unglaublich scheinendes Licht auf damalige Opernzustände werfen: »Am 26. November[1] ging mein ›Enrico 2do‹ in Szene. Der Erfolg ist ein halber gewesen. Er hätte wohl ein ganzer sein können, wenn ich nicht so vielerlei Unglück dabei gehabt hätte. Die Ungher[2] hat schändlich gesungen, besonders die letzte Szene, und hatte die Partie so wenig studiert, daß sie nicht einmal die Worte wußte! Dennoch ging es im Ganzen gut. Den zweiten Abend noch besser: am ersten wurde ich nach dem ersten Akt zweimal gerufen; am zweiten Abend nach beiden Akten einmal; am dritten Abend, Benefiz des Moriani, wurde nur der erste Akt gemacht, und ich wurde wieder herausgerufen ...« Eine Primadonna, die nicht einmal den Text ihrer Rolle gelernt hat – wie viele oder wie wenige Proben hat sie gehabt? – eine Vorstellung, bei der nur die Hälfte des Werkes gespielt wird: Dabei war Triest wahrlich keine unwichtige Stadt und sein Opernbetrieb bestimmt, wie schon an den Namen der Mitwirkenden erkennbar ist, keine »Provinz«. Anders lauten die Eintragungen zwei Monate später: »Am 11. Februar d. M. ging im hiesigen großen Theater (Teatro Regio) mein ›Templario‹ in Szene. Der Erfolg ist ein ungeheurer gewesen. Er hat alle Erwartungen und Hoffnungen übertroffen. So habe ich denn, ein Deutscher, in Italien eine entschiedene Furore gemacht ...« *Nicolai* zählt dann die Sänger auf, erwähnt den Dirigenten mit dem deutschen Namen *Gebhard,* stellt fest, daß das Orchester »für Italien sehr gut« sei. Und setzt fort: »Ich habe die drei Abende, wie gebräuchlich, am Cembalo gesessen. Den ersten Abend bin ich elfmal vor die Szene gerufen worden, außer den häufigen Beifallsbezeugungen im Laufe der Akte. Den zweiten

[1] 1839.

[2] Caroline Unger, als ganz junges Mädchen Interpretin des Altsolos in der Uraufführung von Beethovens Neunter Sinfonie (Wien, 7. Mai 1824), vom (allerdings tauben) Meister selbst dazu auserwählt, machte hernach eine italienische Opernkarriere, wozu sie ihrem Namen, um die gleiche Aussprache zu gewährleisten, ein h einfügte: Ungher.

Der Palazzo Doria in Genua, in dem Nicolai 1840 wohnte, und in dem Jahrzehnte später Giuseppe Verdi stets die Wintermonate verbrachte.

Abend viermal und den dritten Abend (obgleich die Königin im Theater war) dreimal. Man erweist mir jetzt hier eine Menge Ehrenbezeugungen. So geht die Welt – auf und ab!«

Nun ging es wirklich »auf« mit *Nicolai,* er erlebt seine erfolgreichste Zeit. »Il Templario« wurde am 20. April im Teatro Carlo Felice zu Genua, am 13. August – immer noch des gleichen Jahres 1840 – in der Mailänder Scala aufgeführt. Aus Genua – wo *Nicolai* übrigens im Palazzo Doria wohnte, wo Jahrzehnte später *Verdi* die Winter seines Alters verbringen wird – reiste er ab, als sein Werk bereits dreißigmal über die Bühne gegangen war. In Mailand blieb der Erfolg dem »Templario« monatelang treu. Schon am 19. September folgte Triest und wetzte die Scharte des »Enrico II.« nur teilweise aus: »Die Aufführung ließ in jeder Hinsicht viel zu wünschen übrig, aber dennoch ist der Erfolg günstig gewesen, und ich habe mich diesmal wirklich überzeugt, daß der

›Templario‹ eine Oper ist, die schwerlich Fiasco machen kann, denn wenn sie je elend gesungen wurde, so war es diesmal der Fall ...«

Ein Heiratsprojekt ist aufgetaucht. Es wäre eine »Vernunftehe« geworden (»Vereint könnten wir eine ungeheure Karriere machen. Ich hoffe, daß die Heirat zustande kommt«), und sie scheiterte wie frühere Versuche auch: *Ermina Frezzolini* (»unstreitig die erste Sängerin in ganz Italien«) heiratete einen anderen. Erst viele Monate später berichtet *Nicolai* in seinem Tagebuch darüber. Es lohnt sich nachzulesen:

»In der ersten Hälfte des Oktober (1840) war ich bereits wieder in Bologna und schrieb nun hier die Oper ›Odoardo e Gildippe‹ für Genua ungefähr in sechs Wochen. Tagsüber war ich an den Schreibtisch gefesselt, die Abende brachte ich mit Erminia gewöhnlich im Theater zu. Die Unannehmlichkeiten und Zänkereien zwischen uns fingen aber bereits an, und ihr zänkischer und durchaus herzloser Charakter gab mir tausend Bitterkeiten zu erfahren und kostete mich unzählige Tränen; – ich hatte wirklich angefangen, sie zu lieben – und mein Herz empfing täglich neue Schläge; – oft war ich auf dem Punkt, sie zu verlassen. Hätte ich es nur getan! – Unter solcher Stimmung schrieb ich meine Oper für Genua! ... Und so verging mir denn Oktober und November unter Qualen und Pein, die durch Aussöhnungen immer wieder vergessen wurden. – Ich sehe jetzt ein, zu welchem schändlichen Zweck ich gedient habe! – Ich sollte nur den Anhaltungspunkt zu einer Trennung Erminias von ihrem Vater ihr geben – weiter war ich ihr nichts, und nur sehr hat sich das in meinem Herzen immer quälende Gefühl, daß ich nicht geliebt sei, bestätigt. – Soll ich aufrichtig sein? – Auch ich liebte sie wie ich zu leben fähig bin ...« Man muß kein moderner Psychologe sein, um aus *Nicolais* eigenen Worten die tieferen Ursachen seines Scheiterns in so vielen Liebesaffären herauszulesen.

»Odoardo e Gildippe« ging am 20. Dezember 1840 – eines wahrhaft ereignisreichen Jahres in *Nicolais* Leben – erstmals in Szene. Sie »fiel nicht durch und hatte keinen Erfolg, sondern wurde gleichgültig aufgenommen. Man hat die Oper zwanzigmal, glaube ich, ruhig fortgegeben und ist dann zu anderen Opern übergegangen. Sie ist wahrscheinlich für immer der Vergessenheit anheimgefallen ...«, vermerkt der Komponist. Gleich darauf macht uns ein Satz aufhorchen: »Das für Mailand bestimmte neue Buch von Temistocle Solera ›Nabuco‹ war durchaus unmöglich in Musik zu setzen, – ich mußte es refüsieren, überzeugt, daß ein ewiges Wüten, Blutvergießen, Schimpfen, Schlagen und Morden kein Sujet für mich sei ...« Es war das gleiche Textbuch, das *Merelli,* Herr der Scala, nach der Ablehnung durch Nicolai einem anderen jungen Komponisten anbot, einem Italiener, der kurz vorher mit einem »Oberto« aufgefallen, mit einem Lustspiel – »Un giorno di regno« – durchgefallen war. Und der daraus den Beginn seiner meteorhaften Karriere bis zum Gipfel der Opernkunst gestaltete: *Giuseppe Verdi.*

Nicolai ist nicht mehr in Italien, als er sich in seinem Tagebuch der letzten in diesem Lande verlebten Monate entsinnt:

»Der ›Nabuco‹ taugte nicht. Der ›Proscritto‹ taugte nicht. Die Frezzolini, die ich mir damals – als wir verlobt waren – für diesen Karneval[1] ausbedungen hatte, war zu meiner Feindin geworden. Ich selbst war höchst krank, physisch wie moralisch. Unter solchen Umständen wünschte ich denn nun, die Oper lieber nicht zu schreiben; aber Merelli konnte mich nicht mehr absolvieren[2], da es die einzige neue Oper in diesem Karneval und er dem Governum[3] deshalb verpflichtet war. Unter den beiden vorhandenen Büchern war am Ende der ›Proscritto‹ doch noch weniger untauglich, und so mußte ich mich zur Komposition dieses Buches bequemen, wiewohl ich von Anfang an einsah, daß aus einer so schändlichen Poesie[4] niemals etwas Ordentliches gemacht werden könne. Ich ging an die Arbeit am 4. Januar (1841) und mußte in sechs Wochen mit den drei Akten fertig sein. – So

[1] Opernsaison.
[2] von dieser Verpflichtung befreien.
[3] Regierung.
[4] Das Textbuch stammt von Gaetano Rossi (1774–1856), der für Rossini, Donizetti, Meyerbeer und andere prominente Komponisten arbeitete.

geschah es! – Sie wurde also in der Guaresima am 13. März aufgeführt . . . Die Frezzolini sang so gut wie gar nicht, die Aufführung war infam, schändlich! Ich wurde absichtlich malträtiert. Die Oper hat nach meinem Urteil einige Stücke, die sich halten können, wenn auch das Ganze unmöglich Glück machen kann . . . Mein Verhältnis mit der Frezzolini war abscheulich. Schon in der Probe haben wir nie ein Wort gewechselt, und ich war des schlechten Erfolges vollkommen gewiß. Die Oper wurde nur einmal gegeben. Merelli hat sie zwar wieder geben wollen, jedoch die Frezzolini, deren Betragen selbst dem Publikum mißfallen hatte und die an jenem Abend persönlich gezischt wurde, wollte durchaus sie nicht mehr singen, so hat man mir wenigstens berichtet. Ich habe sie nie wieder gesprochen. – Ich wurde nunmehr von Merelli engagiert, meinen ›Templario‹ dieses Frühjahr hier in Wien[1] mit den Italienern zu geben. Am 24. März verließ ich Mailand und kam am 1. April in Wien an. Obgleich ich von Merelli nur 200 Gulden bekomme, so ging ich doch auf das Engagement ein, denn es ist nunmehr mein fester Vorsatz, endlich einmal meine Mutter und Schwester[2] in Warschau zu besuchen, und da liegt denn Wien auf der Straße von Mailand mir bequem. Das war der Grund, weshalb ich es annahm. – So werde ich denn, besonders dispustiert[3] durch die letzte Begebenheit an der Scala, vielleicht nicht so schnell nach Italien wiederkehren und meine Oper für den kommenden Herbst in Turin wohl nicht schreiben, sondern den Kontrakt auflösen . . .«

Nun ist *Nicolai* wieder in Wien. Am 31. Mai 1841 wird sein »Templario« mit italienischen Kräften in italienischer Sprache in der Hofoper – dem k. k. Theater am Kärntnertor – gegeben. »Die Aufnahme von Seiten des Publikums ist sehr günstig gewesen«, vertraut der Komponist seinem Tagebuch an, »obgleich die Aufführung keineswegs eine der besten war . . .«

[1] Diese Tagebucheintragung ist »Wien, 4. April 1841« datiert.

[2] Gemeint ist diesmal seine leibliche Mutter und seine Stiefschwester.

[3] Vermutlich »disgustiert« für enttäuscht, angewidert.

Ein Zeitgenosse, der das Werk erlebte, berichtete später[1]: »›Il Templario‹, dessen Libretto mit so vielen anderen Operntexten die Entlehnung des Stoffes aus einem und demselben Scottschen Roman teilt, errang bedeutenden Erfolg. Diese Oper wurde nicht nur auf den meisten Bühnen Italiens gegeben, sondern fand auch bald, während der italienischen Stagione, auf dem Kärtnertor-Theater in Wien entschieden günstige Aufnahme. Insbesondere war es die Ouverture, die gründlicher gearbeitet als es bei modernen italienischen Stücken sonst der Fall zu sein pflegt, und außer ihr einzelne Nummern, welche die allgemeine Aufmerksamkeit auf den jungen Komponisten lenkten. Von den letzteren erlangten sogar einzelne eine solche Popularität, daß man sie noch jahrelang nachher von herumziehenden Drehorgeln – die bekanntlich in Wien eines hohen Grades der Vervollkommnung sich erfreuen und ebensowohl Strauss und Gungl wie Verdi und Flotow leiern – in allen Straßen aufspielen hören konnte.«

Das unmittelbare Ergebnis dieses Erfolgs kam *Nicolais* geheimsten Wünschen entgegen: Er wurde im August 1841 für drei Jahre zum ersten Kapellmeister der Hofoper bestellt. Doch bevor er seine erste Saison antrat, begab er sich auf die Reise nach Warschau, wo er nach fünfzehn Jahren seine Mutter und seine Halbschwester *Sophie* wiedersah. Doch auch hier war ihm das ersehnte »Glück im trauten Familienkreise« nicht gegönnt: »Ich bin schon nicht dazu auf der Welt, glückliche Familienverhältnisse zu haben, – der Vater in Berlin tut auch nichts als jammern und alle möchten von mir Geld haben. Wie soll ich das nur machen?« Mit diesem Seufzer schließt ein Abschnitt seiner Lebenserinnerungen in Tagebuchform.

Erst drei Jahre nach dem Antritt des Kapellmeisteramtes in Wien kommt *Nicolai* wieder dazu, Rückblick zu halten. Er berichtet von den Werken, die seine Stellung ihn dirigieren ließ: »Don Giovanni«, »Figaro«, »Entführung«, »Fidelio«,

[1] Zitiert von B. Schröder in der Ausgabe von Nicolais Tagebüchern, Leipzig 1892.

Spontinis »Vestalin«, *Donizettis* »Lucia di Lammermoor« und »Favorita«, sowie natürlich vieles, das heute vergessen ist. Wien hatte damals »neun Monate deutsche Oper, April, Mai und Juni aber italienische«, wie er festhält, ein Verteilungsschlüssel, der im Laufe der Zeiten oftmals schwankte. Gelegentlich war es gerade umgekehrt: Der größere Teil der Spielzeit brachte italienische Werke, der kleinere deutsche.

Nicolai äußert (1844) die Ansicht, die gute deutsche Opernmusik beginne nun die italienische wieder » etwas aus dem Felde zu schlagen«, und anschließend lesen wir die erstaunlichen Zeilen: »Wie sehr ist aber auch Italien in den letzten fünf Jahren gesunken?! Donizetti lebt fast immer in Paris oder Wien, in welch' letzterer Stadt er jetzt als k.k. Kammerkapellmeister und Hofkompositeur mit 4000 Gulden Gehalt[1] auf Lebenszeit engagiert ist – und tut nichts mehr für Italien. Rossini ist ganz verstummt. Wer jetzt in Italien schreibt, ist Verdi. Er hat auch den von mir verworfenen Operntext ›Nabucodonosor‹ komponiert und damit großes Glück gemacht. Seine Opern sind wahrhaft scheußlich und bringen Italien völlig ganz herunter. – Ich denke, unter diese Leistungen kann Italien nicht mehr sinken, – und jetzt möchte ich dort keine Opern schreiben ...«

Dann widmet *Nicolai* wieder beträchtlichen Raum seinen privaten Angelegenheiten. Und ahnt wohl nicht einmal, welche tiefen Einblicke in seinen Charakter er damit späteren Betrachtern eröffnet:

»Bald nach meiner Ankunft in Wien, im September, den 21., machte ich die Bekanntschaft der auf mein Leben von so großem Einfluß gewesenen (est-ce passé?) Julie ..., die ich als Baronin Julia ... kennenlernte. Nimmermehr hätte ich geglaubt, daß nach dem, was ich bereits geliebt und gelitten hatte, mein Herz noch solcher Passion fähig sein konnte – und doch war dies die stärkste Liebe, die ich bis jetzt im Leben gefühlt. Und auf einen solchen Gegenstand – auf einen

[1] Nicolai hatte ein Jahresgehalt von 2000 Gulden, für das er ein anstrengendes Amt versah; Donizettis Honorar war eine reine Ehrengabe ohne jede Verpflichtung.

meiner eigentlich unwerten – mußte sie fallen! Auf diesem Altar opferte ich die heiligsten Flammen meines Herzens! Wie ist das möglich? wie soll ich es mir erklären? – und dennoch ist es so! – Das ist die unwiderstehlich allgewaltige Macht der Schönheit. Denn schön war Julie, als ich sie kennenlernte, schön, sehr schön! und sie liebte mich mit jenem wütenden Feuer, das seinen Grund nur in dem Bewußtsein, daß sie mich überselig mache, haben konnte. Bereits nach wenigen Tagen fiel die Binde von meinen Augen – ich erkannte, daß sie kein rechtschaffenes Mädchen sei, d.h. kein tugendsames. Ist es deshalb unmöglich, sie zu lieben oder von ihr uneigennützig geliebt zu werden? – Nein! – Denn ich habe durch zweiundeinhalb Jahre die außerordentlichen Beweise großer, großartiger Liebe von ihr erhalten. Für mich opferte sie sich – für mich wurde sie unglücklich! – Ich müßte dieses Opfer durch ein ebenso großes vergelten – ich müßte sie heiraten, denn noch liebe ich sie unendlich. Aber mein Ehrgefühl, mein Stolz, sie sind größer, heftiger als jede andere Empfindung ...«

In dieses gleiche Jahr fällt eine der unwiderlegbaren Großtaten auf dem Gebiet der Musik jener Epoche. Sie ist das Werk vieler ungewöhnlicher Geister, als deren treibende Kraft das Gehirn eines einzelnen anzusehen ist: *Otto Nicolai.* Seine Gefährten waren, neben anderen, der Dichter *Nikolaus Lenau,* der Herausgeber der »Wiener Musik-Zeitung« *August Schmidt,* der Musikkritiker *Dr. Alfred Becher, Graf Laurenzin, Karl Holz.* Der Versammlungsort: ein altes Gasthaus im Herzen Wiens, nahe der Kathedrale zu St. Stephan. Vielleicht ähnelten die Zusammenkünfte voll endloser Diskussionen hohen geistigen Formats jenen der Florentiner Camerata[1], die gerade zweieinhalb Jahrhunderte früher die theoretischen und praktischen Grundlagen der Kunstform »Oper« geschaffen haben. Jedenfalls kamen viele Probleme des Musiklebens zur Sprache, das allen am Herzen lag. Und das Ergebnis, von kaum für möglich gehaltener Tragweite:

[1] Die Gruppe der »Gründer« bestand aus Komponisten, Dichtern, Gelehrten, Wissenschaftlern und Theoretikern, die sich in den Jahren um 1590 in verschiedenen Florentiner Palästen trafen und ihre »renaissancehaften« Pläne entwarfen.

die Gründung der Wiener Philharmonischen Konzerte und damit des Wiener Philharmonischen Orchesters, der »Wiener Philharmoniker«, deren weltberühmte Meisterschaft bis zum heutigen Tage sprichwörtlich ist.
Die erste Verlautbarung des Gedankens stammt zum großen Teil von *Nicolai.* Sie mag uns in ihrem gewollt burschikosen Wortlaut voll kaum in Wien beheimateter Floskeln ein wenig seltsam klingen; aber sie ist der Fanfarenton einer neuen, starken, schönen Idee: »Trin, tin tin! Hört! Hört! Es ist die Zeit da, daß die Musiker nicht mehr bloß schlafen, oder im Bett geigen wollen! Die Söhne Apollos allzusammen, vereint, wollen einmal Hand ans Werk legen, zu etwas Großem! Kreuzdonnerwetter – Schwerenot! Aufgewacht! Und in der Zeit wo die Sündflut von Konzerten uns zu überschwemmen droht, das herausgeschieden, was schon durch seine Unternehmer und die Wahl der Stücke uns die Gewißheit gibt, etwas Seltenes, etwas Großes, etwas Ausgezeichnetes zu seh'n! Hört! Hört! Hört!! Also das sämtliche Orchester-Personal des k.k. Hof-Operntheaters nächst dem Kärntnertor, seinen braven Direktor Georg Hellmesberger an der Spitze hat sich vereinigt, um unter Kapellmeister Nicolais Direktion ein Konzert zu geben, das in den Annalen der Wiener Konzerte seines Gleichen sucht. Dieses Konzert, von den Unternehmern ›philharmonische Akademie‹ genannt, hat am dritten April im grossen k.k. Redoutensaal statt und wird uns nur Klassisches und Interessantes bringen ...«
Vielleicht war wirklich nur an ein einmaliges Konzert gedacht; eher aber ist anzunehmen, die Veranstalter wollten mit diesem nur die Stimmung für eine ständige Institution sondieren. Das Konzert fand einige Tage früher als im Manifest angekündigt, nämlich am 28. März 1842, mittags um halb 1 Uhr statt, brachte viel *Beethoven* (Siebente Sinfonie, Konzertarie »Ah perfido«, Dritte Leonoren-Ouvertüre und Ouvertüre »Die Weihe des Hauses«), eine Konzertarie *Mozarts,* zwei Gesangsstücke *Cherubinis* und »La Romanesca«, eine Melodie aus dem 16. Jahrhundert für Violoncello-Solo. Also weitgehend das, was die Ankündigung als »nur Classi-

sches und Interessantes« bezeichnet hatte. Die Einlage von Opernfragmenten in Orchesterkonzerte dauert bis ins 20. Jahrhundert an. Als »Entgleisung« oder Zugeständnis könnte man höchstens »La Romanesca« bezeichnen: hier war dem bis dahin so beliebten bunten »Akademie«-Charakter der Konzerte Rechnung getragen.
Neu war – für Wien zumindest – die völlig professionelle Ausführung des Programms: Ausschließlich Berufsmusiker waren am Werk, während die früheren Konzerte von Ensembles bestritten worden waren, in denen neben Berufsmusikern auch gute Amateure ihren Platz fanden. Neu wohl auch die gewissenhaftere Form der Vorbereitung, mehr Proben und dadurch ein höherer Leistungsstandard. Der Erfolg schlug sich in der Begeisterung des Publikums, in der Anerkennung der besten Musiker und in höchst lobenden Kritiken der Presse nieder. Aus dem ersten Konzert wurde eine Reihe, die nicht mehr abriß. *Beethoven* blieb in gewissem Sinne ihr Leitstern. Besonders dessen Neunte Sinfonie, die *Nicolai* zu einer denkwürdigen Aufführung brachte; ihr zu Ehren wird bis heute das letzte Konzert jeder philharmonischen Spielzeit in Wien als »Nicolai-Konzert« bezeichnet und verewigt so den Namen des Gründers und ersten Dirigenten.
Seit damals bildet das Ensemble der Wiener Hofoper neben seiner Tätigkeit im Theater einen selbständigen Klangkörper, ein Konzertorchester, das selbst in den Zeiten der Monarchie eine Art Republik darstellte: während ihm in der Oper Dirigenten vorgesetzt, manchmal aufgezwungen wurden, bestellte es die Leiter seiner Konzerte frei, aus eigenem Ermessen und mit ausschließlich eigener Verantwortung.
Die »Wiener Philharmoniker« waren keineswegs das erste ständige Sinfonieorchester. Weit vorausgegangen waren ihnen etwa die Hofkapelle Krakau, die, um 1400 gegründet, 1596 mit dem polnischen Hof nach Warschau übersiedelte; die königlichen Kapellen in Kopenhagen (1448) und Stockholm (1526); die Hofkapelle (heutige Staatskapelle) Dresden (1548); es folgten die Hofkapellen von Mecklenburg und Weimar, 1669 das Orchester der Pariser Oper, 1702 die

Meininger Hofkapelle, 1720 die bald berühmte von Mannheim, die 1778 mit ihrem Landesherrn nach München zog; seit 1763 gibt es das Leipziger Gewandhaus-Orchester, seit 1781 die Gewandhaus-Konzerte. Noch ein weiteres Dutzend von ständigen Klangkörpern übertrifft die Wiener Philharmoniker an Alter. Im gleichen Jahr wie diese erstanden die ebenfalls berühmten einer anderen Stadt: New York. Aber *Nicolais* Tat war unter den gegebenen Umständen und mit ihrer klaren Zielsetzung doch ein entscheidender Schritt in der Richtung auf die nun steil ansteigende Ensemble-Kultur sowie auf die Selbstverwaltung und -verantwortung der führenden Orchester.

In *Nicolais* Tagebuch liest der Rückblick auf diese Tat sich so: »Daß ich in dieser Zeit dennoch manches, sogar einflußreiches in der Kunst getan – bewundere ich fast selbst. Es konnte nur dadurch ermöglicht werden, daß ich jetzt in dem für mich blühendsten Zeitpunkt meines Lebens stehe. Ich will mir das selbst zurufen und nicht vergessen, daß diese Blüte- oder Fruchtzeit nicht lange dauert. Sollte ich wohl noch was Ordentliches leisten? Gott lasse es geschehen! und erhalte mir vor allem Gesundheit! Das Bedeutendste, was ich in diesen drei Jahren in Wien getan, ist die Gründung der philharmonischen Konzerte. In diesen Konzerten habe ich bis jetzt nur durchaus klassische Musik zur Aufführung gebracht, und in diesem Sinne sollen sie auch fortbestehen. Es finden alljährlich zwei solcher Konzerte statt. Ich vereinige zu diesen Aufführungen sämtliche Mitglieder meines Orchesters, die auch noch durch einige andere Künstler aus der Stadt – Dilettanten sind ganz ausgeschlossen – verstärkt werden, um die Zahl von sechzehn ersten Violinen usw. zu erreichen. Die Harmonie besetze ich immer einfach und brauche dazu also keine fremden Kräfte. Im Kärntnertor-Theater sind neun erste, neun zweite Violinen, vier Bratschen, fünf Violincellos, fünf Kontrabässe, drei Flöten, drei Oboen, drei Klarinetten, sechs Corni[1], drei Fagotti, vier

[1] Hörner.

Tromben[1], zwei Timpani[2], vier Tromboni[3], eine große Cassa[4], ein Triangel engagiert ... Da die philharmonischen Konzerte durchaus keinem andern Grund ihr Bestehen verdanken, als meinem freien Willen und dem freien Willen sämtlicher Orchestermitglieder, so fällt mir in jedem Jahr von neuem die Schererei zu, die Leute dazu zu vereinigen, da sich diesen herrlichen Aufführungen selbst dennoch einige Querköpfe entgegensetzen. Das Unternehmen hat bei dem Publikum und bei der Kritik den einstimmigsten Anklang gefunden, und nach jedem philharmonischen Konzert singen sämtliche Journale Wiens unisono[5] in allen Tönen mein Lob und das meines Orchesters ... Wir haben uns bis jetzt hauptsächlich an Beethovensche Symphonien gehalten und damit gut getan. Besonders hat die Aufführung der großen Neunten mit Chören, von der ich dreizehn Proben machte, wahre Sensation erregt und ist den Leuten zum ersten Mal klar geworden ...«

Ein Jahr nach ihrer Gründung scheinen die Wiener philharmonischen Konzerte unter *Nicolai* zur festen Institution geworden und ein bestimmtes, ziemlich genau umrissenes Publikum rund um sich versammelt zu haben. Das geht auch aus einem Artikel der »Allgemeinen Musikalischen Zeitung« hervor, der im März 1843 erschien: »Das philharmonische Konzert erfreute mit der Symphonie in c-Moll von Beethoven und der in g-Moll von Mozart[6]. Wer noch ein abgeschmacktes Lieblingsthema daraus macht, über den gänzlichen Verfall des hiesigen Geschmackes aufgeblasene Klagreden zu halten, der lerne den Enthusiasmus der Wiener bei Kompositionen und Aufführungen kennen, wie sie hier geboten werden. Freilich ist dieser Teil des Publikums ein anderer als jener, der im italienischen Theater einer Cabaletta[7]

[1] Trompeten.
[2] Pauken.
[3] Posaunen.
[4] große Trommel.
[5] einstimmig, im Einklang.
[6] Beethovens Fünfte, Opus 67, und Mozarts vorletzte Sinfonie, K. 550.
[7] Gesangsstück in italienischen Opern.

von der Tadolini gesungen hundert Fuoras[1] zujauchzt, Kränze zuwirft und nächtliche Triumphzüge bereitet, wenngleich am Ende alle Geschmacksfraktionen[2] die liebliche Sängerin mit Vergnügen anhören. – Kapellmeister Otto Nicolai weiß den Ehrgeiz unseres ausgezeichneten Hofoperntheaterorchesters dermaßen anzuregen, und es mit Weihe für die hehren Kunstaufgaben zu erfüllen, daß, von seiner geistreichen Auffassung und energischen Dirigenz beseelt, dieser Musikkörper wirklich Außerordentliches leistet. Ein Piano, ein Crescendo, ein Diminuendo[3] hier zu hören, ja auch nur die seltene Übereinstimmung der Violinen im Auf- und Abstrich[4], in Anwendung gleicher Applikaturen[5] usw., ist, abgesehen von der dynamischen Wirkung, schon technischerweise ein wahrer Genuß. Mehr noch als von der Beethovenschen war man von der Mozartschen Symphonie entzückt. Die Naivität, Tiefe und seelenvolle Empfindung dieses Werkes quoll gleichsam aus den Musikern heraus, die Zuhörer erfüllend mit den Zaubern einer idealen Welt, voll der herrlichsten Gebilde ...«

Dieser Bericht ist aus vielerlei Gründen interessant. Hier ist von einem Konzert die Rede, das schon von seinem Programm her nicht mehr ins Rokoko und Biedermeier paßt, sondern in eine »moderne« Zeit: Nur Wesentliches, nur Meisterwerke stehen auf der Spielfolge. Daß sie gut geprobt sind, erfahren wir nicht nur aus *Nicolais* früher zitierten Worten (13 Proben für *Beethovens* Neunte Sinfonie dürften in damaliger Zeit etwas gänzlich Neues und Unerhörtes gewesen sein), sondern fast noch klarer aus den Feststellungen des Chronisten über Gleichheit, Synchronisierung der Bogenstriche in den Streichern und anderen Dingen, die uns heute selbstverständlich sind, damals aber offenkundig sen-

[1] Der Ausdruck (wörtlich: »Heraus! Herauskommen!«) wurde vom Opernpublikum zum Hervorrufen der Künstler bei starkem Beifall verwendet.

[2] Geschmacksrichtungen.

[3] Leise, Anschwellen, Abschwellen: Ausdrucksnuancen der musikalischen Interpretation.

[4] die (für uns selbstverständliche, aber damals noch nicht voll durchgesetzte) Gleichmäßigkeit der Bogenstriche bei den Streichinstrumenten.

[5] Fingersätze.

sationelle Errungenschaften darstellten. Wenn von der Entwicklung der Orchestertechnik, vom riesigen Aufschwung der Spielkultur bei den Ensembles des 19. Jahrhunderts die Rede ist, darf die Arbeit Nicolais mit den Wiener Philharmonikern in den vierziger Jahren in vorderster Reihe genannt werden.

»In meinem Kontrakte befindet sich der Passus, daß ich in diesen drei Jahren[1] eine große deutsche Oper liefern und zur Aufführung bringen könnte. Ich habe mich aber stets vergeblich bemüht, ein deutsches Opernbuch zu erhalten, denn alles, was mir darin von verschiedenen Dichtern geliefert wurde und wobei ich keine Kosten scheute, war durchaus unbrauchbar. Der Mangel deutscher Original-Opernmusik ist hauptsächlich darauf zurückzuführen«, steht in Nicolais Tagebuch. Und ein Wiener Schriftsteller jener Zeit, *Siegfried Kapper,* der in regem persönlichen Kontakt mit *Nicolai* stand, berichtet über diesen Punkt ausführlicher:

»Als ich zuerst mit Nicolai bekannt wurde, fand ich ihn bereits im Besitze einer ganz ansehnlichen Sammlung von Manuskripten deutscher Operntexte, die ihm sämtlich während der kurzen Zeit, die er sich damals erst in Wien aufhielt, von den verschiedensten Autoren zugesandt worden waren, einzelnes darunter von sonst namhaften Dichtern ... Die Summen, die er nach und nach dafür verausgabt, waren nicht unbedeutend. Brauchbar von dem Standpunkte der Anforderungen, die er an den schriftstellerischen Anteil einer Oper stellen zu müssen glaubte, war keines – ein Urteil, das Nicolai eben nicht immer in den mildesten Ausdrücken zu fällen liebte. Was er von einem guten Opernbuche vor allem andern verlangte, war, daß es überhaupt auch ein gutes Drama sei. Alle Anforderungen, welche die Kunst an eine Tragödie, an ein Schauspiel, an ein Lustspiel stellt, sei sie auch an ein Opernbuch zu stellen berechtigt. Alle Gesetze der Handlung, der Exposition, Verwicklung, Peripetie und Katastrophe[2], der Charakteristik und des Dialoges, sodann

[1] Nicolais Vertrag mit der Hofopfer war auf drei Jahre geschlossen.
[2] Dramaturgische Begriffe, auf alle Arten von Theater anwendbar.

der Ethik, die für jene gelten, müssen auch für die Oper ihre Geltung haben. Nichts davon könne nachgelassen, nichts hintangesetzt werden. Darin aber, daß die deutschen Librettisten schon dieser obersten Anforderung sich meist entschlagen, sah er zugleich den wesentlichsten Grund, daß sie überhaupt auch meist verfehlte Opernbücher liefern. Zu einer Oper schiene ihnen eine Fabel bald gut genug, wenn sie nur ein halbwegs romantisches Kolorit trüge, und Gelegenheit – zu Chören gäbe. Um einen guten Trauerspiel- oder Lustspielstoff wäre es den Dichtern gewöhnlich leid und sie entschlössen sich lieber, ihn ganz unbenutzt zu lassen, als daraus eine Oper zu gestalten. Daher auch die Erscheinung, daß sich die Komponisten genötigt sähen, ihre Texte sich meist nach Romanen oder bereits vorhandenen Dramen anfertigen zu lassen. Sodann aber forderte er auch, daß die Oper außerdem auch noch, und zwar insbesondere ein musikalisches Drama sei, das ist diejenige Form der dramatischen Dichtung, welche der Musik an der Durchführung des Dialoges und der Charakteristik einen wesentlichen Anteil zugewiesen wissen will . . .«

Nicolai, äußerst gewissenhaft in der Erfüllung seiner Pflichten und Verträge, geriet in immer größere Sorge, als er kein geeignetes Textbuch fand, mit dessen Hilfe er die »deutsche Oper« hätte liefern können, die einen Teil seines Abkommens mit der Wiener Hofoper bildete: »Als nun das dritte Jahr meines Engagements herankam und ich noch immer keinen Text besaß, entschloß ich mich, meine zuletzt in Italien geschriebene Oper ›Il Proscritto‹ umzuarbeiten und ins Deutsche zu übertragen. Kein Stück blieb ganz unverändert und ungefähr die Hälfte der Oper komponierte ich ganz neu auf deutsche Worte, die mir ein junger Dichter, Siegfried Kapper, machen mußte. Sie wurde zum erstenmal am 3. Februar 1844 gegeben . . . Sie gefiel sehr. Außer dieser Umarbeitung, welche unter dem Titel ›Die Heimkehr des Verbannten‹ gegeben wurde, habe ich in den letzten drei Jahren nichts Größeres komponiert –!«

Kapper schildert die gemeinsame Arbeit etwas ausführlicher. Es wird klar, daß es sich hier mehr um eine Pflichtübung handelte als um ein lustvolles Schaffen. Der literarische Mitarbeiter glaubt feststellen zu können: »Nicolais Plan stand nun fest, mit seiner italienischen Vergangenheit vollkommen zu brechen, und sofort und direkt zur Komposition einer deutschen Originaloper zu schreiten. Nur die Anforderung an die Dichtung, die er zu dem Gelingen einer guten Oper aus innerster Überzeugung und vielfacher Erfahrung für unerläßlich hielt, sollten unverändert dieselben bleiben. Er wollte ein nach musikalischem Bedürfnisse in Arien, Duetten, Terzetten, Chören usw. nummerweise fertig abgeteiltes Buch vor sich liegen haben, welches den Tondichter anregen und führen sollte, welches aber nicht erst dieser den musikalischen Formen entsprechend sich selbst zuzumodeln und ›zuzustutzen‹ brauchte. Ich schlug ihm mehrere historische Stoffe vor, von denen ich, damals wenigstens, glaubte, daß sie seiner speziellen Begabung reichliche Gelegenheit bieten würden, sich zu entfalten. Er selbst studierte mit rastlosem Fleiße Goldoni, Gozzi, Lope de Vega, Calderon und vieles andere, woraus er einen passenden Stoff entlehnen zu können glaubte. Die Tage dieses Studiums werden mir stets unvergeßlich bleiben. Der frühe Morgen fand ihn über Büchern ebenso wie die späte Nacht. Er arbeitete mit einer Vertiefung, um die ihn mancher Gelehrte beneiden durfte. Dabei entwarf er in ununterbrochener Aufeinanderfolge eine ganze Reihe von Plänen, von Akt zu Akt, von Szene zu Szene, um sie, kaum beendet, wieder zu verwerfen. Damals schon, eines Abends, während der Aufführung des Mozartschen ›Don Juan‹, machte ich ihn auf den musikalischen Kern aufmerksam, welcher der Erscheinung Falstaffs innewohne. Eine Weile sah er mich schweigend an und mit glänzenden Augen, als versuchte er den angeregten Gedanken mit aller ihm eigentümlichen Lebhaftigkeit zu erfassen. Dann schüttelte er aber zweifelnd den Kopf und erwiderte lächelnd: ›Sie haben recht. Das ist etwas. Zu Shakespeare paßt aber nur wieder Mozart!‹ Zu wiederholten Malen brachte ich noch den Gegenstand zur Sprache, stets jedoch schien er vor der Größe der Aufgabe zurückzuscheuen ...«

Das Stichwort ist gefallen: »Falstaff«. Der dicke, lächerliche Junker *Shakespeares,* an dem sich bereits mehrere Opernkomponisten versucht hatten[1] und der durchaus so etwas wie eine menschliche »Urtype« sein oder werden konnte. Eine »große« Aufgabe, wie *Nicolai* sofort erkannte, würdig eines *Mozart* – den er hoch über alle Opernkomponisten stellte – und nur dessen Genie erreichbar. Und so schiebt er den Gedanken an eine Falstaff-Oper immer wieder hinaus.

Am Ende der Saison 1843/44, die mit italienischen Werken zu Ende ging, unternahm *Nicolai* eine weite Reise. Am 6. Juli 1844 fährt er nach Prag, wo der Direktor des dortigen Theaters seine beiden Opern »Il Templario« und »Die Heimkehr des Verbannten« zur Aufführung erwirbt. Von dort nach Dresden, wo *Richard Wagner* tätig ist. *Nicolai* erwähnt, daß dessen »Rienzi« und »Fliegender Holländer«, die er »leider nicht hören konnte, dort viel Sensation machen«. Auch Dresden will *Nicolais* »Heimkehr des Verbannten« spielen. In seinem Tagebuch setzt er hinzu: »Jedoch wüßte ich nicht, wer sie da singen soll; sie haben die Schröder-Devrient, die keine Stimme mehr hat, und die Spazer-Gentiluomo, die nicht für tragische Rollen ist. Der ›Templer‹[2] mit dem Tichatschek, den ich für den ersten deutschen Tenor halte, und der Gentiluomo würde besser gehen ...[3]« In Leipzig trifft *Nicolai* den dortigen Kapellmeister Lortzing; auch dieses Theater möchte die »Heimkehr« spielen. In Berlin Audienz beim König und als Folge davon Aufträge für geistliche Musik. In Preußens Hauptstadt trifft *Nicolai Meyerbeer* und *Mendelssohn.* Eisenbahnfahrt nach Stettin, wo er den Mann aufsucht, der ihm vor sechzehn Jahren Unterschlupf in seinem Hause geboten, die Konfirma-

[1] Vergl. S. 253.

[2] Der deutsche Titel der Oper »Il Templario«.

[3] Die Schröder-Devrient sowie Tichatschek spielen in Wagners Biographie eine Rolle. Siehe unsere Bände »Der Fliegende Holländer« und »Tannhäuser«.

Giacomo Meyerbeer, der von 1842 bis 1845 als Generalmusikdirektor an der Lindenoper, Berlin wirkte.

tion ermöglicht und den Jüngling auf den entscheidenden Weg nach Berlin und damit in die Musik gebracht hatte: der »Divisionsauditeur« *Adler.* Von Stettin nach Königsberg, in die Heimat. Dort lernt *Nicolai* seine achtzehnjährige Stiefschwester *Cassandra* kennen, seines Vaters Tochter aus zweiter Ehe. Und mit dieser neugefundenen Schwester (». . . sie wurde eben geboren, als ich vor achtzehn Jahren /

August 1826 / Königsberg verließ. So kannte ich sie noch gar nicht. Ich habe in ihr ein außerordentlich gutes und liebenswürdiges, aber körperlich sehr schwächliches Mädchen gefunden ...) fährt er auf ein nahes Rittergut, wo der Vater Hauslehrer dreier kleiner Töchter ist: Es ist ein bewegendes Wiedersehen, das einzige Beisammensein dieser drei Menschen. Der Vater, eine der seltsamsten (und unsympathischsten) Gestalten am Rande der Musikgeschichte, scheint ein klein wenig gerührt oder wenigstens berührt; es hindert ihn nicht, bald danach seinen Sohn auch weiterhin mit harten, völlig ungerechtfertigten Geldforderungen zu bombardieren, denen dieser mit bestem Willen immer nur teilweise und unter persönlichen Opfern nachkommen konnte.

Eine kleine Episode wurde von jenem Beisammensein bekannt. Am Abend versammelte der Hausherr eine Gruppe von Gästen auf seinem Gut, zu Ehren seines in der »großen Welt« berühmten Gastes, den er aus eigenen Werken vorzuspielen bat. *Nicolai* kam der Bitte um so lieber nach, als er hier zum ersten Mal Gelegenheit hatte, seinem Vater einen Einblick in sein Schaffen zu geben. *Nicolai* spielte also und sang Arien und Szenen aus dem »Templario« und der »Heimkehr des Verbannten«. Als er endet und sich nach einem guten Wort des Vaters sehnt – dem er stets eine durch nichts zu trübende kindliche Zuneigung bewahrt –, tritt dieser an den Flügel und sagt: »Alles italienisches Geklimper, eines Otto Nicolai unwürdig. Ein Otto Nicolai kann Besseres machen!« Das sagt der Mann, der in seiner eigenen musikalischen Laufbahn überhaupt nichts machen konnte. Aber das Eigenartige ist – daß er recht hatte. Ein *Otto Nicolai* ohne »Die Lustigen Weiber von Windsor« wäre heute fast so vergessen, wie der Vater es ist ...

Die aber sind noch nicht komponiert, ja noch nicht ernsthaft geplant. *Nicolai* kann also dem Vater nicht entgegnen, er arbeite soeben an einem solchen, vielleicht besseren Werk. Seine Antwort ist witzig, ein klein wenig verlegen und zerstreut wohl die Mißstimmung, die des Vaters harte Worte in der Gesellschaft hervorgerufen haben müssen: »Der Vater hat ganz recht; aber es ist kaum noch eine neue deutsche Me-

lodie zu erfinden. Wenn man glaubt: jetzt habe ich etwas, so ist es auf einmal eine Reminiszenz an Mozart! Der Teufelskerl hat einem ja alle Melodien vorweggenommen!«
Zu Sommerende 1844 kehrt *Nicolai* nach Wien zurück. Dort erhält er im Oktober einen Brief des Berliner Generalintendanten, der beinahe sein Leben verändert hätte: Er enthielt die Anfrage, ob *Nicolai* die Leitung des Domchors übernehmen wolle, die *Mendelssohn* abzugeben wünschte. *Nicolai* war bereit, darauf einzugehen, wenn man ihm gleichzeitig auch den Posten eines Theaterkapellmeisters gewährte. Berlin sagte zu und schickte den Vertrag zur Unterschrift. »Aber ich konnte mich nicht dazu entschließen. Meine Stellung in Wien war damals zu angenehm, um sie gern gegen eine andere vertauscht zu haben«, erinnert er sich, als er endlich im Mai 1847 im oberösterreichischen Kurort Bad Ischl wieder dazukommt, die inzwischen angehäuften Ereignisse seines Lebens dem Tagebuch anzuvertrauen. Die Verhandlungen ziehen sich bis Mai 1845 hin, bevor *Nicolai* sie scheitern läßt. Er faßt zusammen, was Wien ihm alles bot: er ist 1. Kapellmeister der Oper (was hier den obersten Posten bedeutete, während er mit dem gleichen Titel in Berlin unter dem »Generalmusikdirektor« *Meyerbeer* rangieren würde), ist Leiter der Philharmonischen Konzerte, die er zu Glanz und Ansehen gebracht hat, hat vertraglich alle *Mozart*-Opern zu betreuen (woran ihm besonders viel liegt) und das Recht, jederzeit eine neue Oper aus seiner Feder zur Uraufführung zu bringen. Zudem erhöhte Wien sein Gehalt, trotz seines ständig gespannten Verhältnisses zum Theaterpächter – in gewissem Sinne Intendanten – *Balochino,* einem Italiener, an dem er in seinem Tagebuch kein gutes Haar läßt.
Der Opernplan für Wien wird aktuell. *Nicolai* begeistert sich für einen Stoff, der dem Werke *Gozzis* entnommen ist. Er übergibt ein von ihm entworfenes Szenarium mit mehreren fertigen Dialogen seinem erwählten Mitarbeiter *Siegfried Kapper.* Aber der kann mit der Geschichte nichts anfangen, wie er selbst in seiner Ergänzung zu *Nicolais* Tagebüchern auseinandersetzt. Er bedauert, deshalb »vielleicht die

Schuld zu tragen, daß wir im Nachlaß Nicolais eine möglicherweise treffliche Arbeit weniger besitzen. Denn seinen ausgesprochenen Beruf für die komische, besser gesagt, humoristische Oper hatte mittlerweile Nicolai in einer Anzahl Lieder voll des köstlichsten Humors und zugleich von außerordentlicher Lieblichkeit und Tiefe des Gemüts unzweifelhaft an den Tag gelegt«.

»Im Februar 1845 befiel mich eine schwere Krankheit«, erzählt *Nicolai* dann. »Sie bestand hauptsächlich in einem rheumatischen Kopffieber und kostete mich unendlich viel Zeit, Geld und Schmerzen. Erst gegen Ende März genas ich allmählich und hatte den Schmerz erleben müssen, das achte Philharmonische Konzert, im März, von meinem undankbaren Orchesterpersonale ohne mich unter des Orchesterdirektors Hellmesberger Leitung gegeben zu sehen ...«

Ende Juli 1845 kehrt *Nicolai* von einer Urlaubsfahrt nach Ungarn zurück und bekommt von *Kapper* das fertige Libretto von *Gozzis* »Pitocchi fortunati«. Er will sofort an die Komposition gehen. Aber: »Als ich den Text prüfte, fand ich ihn in einer Weise gemacht, die mir durchaus nicht genügte, ja gänzlich unbrauchbar war. Nun geriet ich in größte Verlegenheit – ich hatte kein Opernbuch und sah mich demnach genötigt, dem Theaterpächter den Vorschlag zu machen, für diese Saison erst die deutsche Bearbeitung des ›Templario‹ zu liefern und für das kommende Jahr die neue Oper zu schreiben ...«

Der schon 1844 durch *Kapper* übersetzte Text wurde nun durch einige kleine musikalische Umarbeitungen ergänzt, und »Der Templer« ging im November 1845 erstmals deutsch über die Bühne des Kärntnertor-Theaters. Er »gefiel – sehr wenig«, verzeichnet *Nicolai* wahrheitsgemäß, meint aber, daß die wahre Schuld daran nicht am Werk liege – das »italienisch beinahe ganz Europa durchzogen und Glück gemacht« hatte – sondern an den Sängern der Wiener Bühne. Eine zweite Aufführung fand erst wochenlang später statt, bald verschwand die Oper völlig.

Nicolai stößt einen Seufzer aus: »Die Deutschen verlangten von mir, dem Deutschen, nach der ›Heimkehr des Verbannten‹ nunmehr etwas Besseres als eine Übersetzung des ›Templario‹, und darin gebe ich ihnen recht. Indes, wo soll man Textbücher hernehmen in einem Lande wie diesem, wo erstens keine Dichter existieren, die von der richtigen Anfertigung solcher Arbeit auch nur einen leisen Begriff haben, und wo vor allem – für neue Opern nichts getan und so gut als nichts gezahlt wird? Scribe[1] verlangt für einen neuen französischen Operntext zwölf- bis zwanzigtausend Francs, und Deutschland gibt für eine Oper samt Einschluß des Buches – entweder nichts – höchstens aber 500 Gulden – welches die für meine neue Oper stipulierte Summe war. Und das ist noch viel! Deutschland nimmt lieber die schlechteste italienische oder französische Oper hin, als daß es für eine deutsche Oper etwas zahlt. Somit verdient es keine deutsche Opernliteratur, besitzt auch keine, und wird auch schwerlich eine erwerben, bis das Gouvernement für diesen Zweig der Kunst etwas tun wird, wie es in Frankreich und Italien geschieht. Trauriges, trauriges Los, ein deutscher Opernkomponist zu sein!«

Daß auch *Lortzing* davon ein Lied zu singen wußte, steht im Band Nr. 33047 dieser Reihe: »Zar und Zimmermann«. Und daß es *Wagner,* trotz spektakulärer Anfangserfolge, nicht anders ergehen sollte, ist nur allzu bekannt. Das Drama der deutschen Opernkomponisten macht auch vor *Weber* nicht halt, und schon gar nicht vor *Cornelius, Goetz* und *Hugo Wolf.* Und dies im Jahrhundert, das der deutschen Oper ihren ersten und hernach ihren endgültigen Aufschwung brachte, dem 19., dem »romantischen« Jahrhundert! Dem Jahrhundert, das der deutschen Musik die Vormachtstellung auf sinfonischem, auf kammermusikalischem Gebiet brachte, das ihr in der Liedkunst Unvergleichliches gelingen ließ. Das waren allerdings bis zu einem gewissen Grade Neuschöpfungen; in der Oper aber galt es, gegen eine jahrhundertelange Herrschaft der Italiener anzukämpfen, gegen die erst eine einzige Nation mit Erfolg gestritten hatte: die Franzosen.

[1] Eugène Scribe, berühmter französischer Dramatiker, erfolgreicher Librettist.

Und *Nicolai* hat recht: Wieviel Unterstützung von seiten der Behörden (des »Gouvernements«) war in Paris nötig gewesen, um der französischen Oper zu einem Eigenleben gegen die italienische zu verhelfen! Woher sollte aber in Deutschland eine solche Unterstützung kommen? Das weite Kulturgebiet zwischen Alpenraum und den nördlichen Meeren, zwischen dem Rhein und der Grenze zum Slawentum war in unzählige, oftmals winzige Staatswesen zerrissen. Österreich nahm von jeher eine Sonderstellung ein, politisch wie kulturell. Zu ihm gehörte nicht nur ein bedeutender slawischer Gebietsteil, nicht nur eine ungarische »Brudernation« von stärksten Sonderinteressen, sondern auch ein weit nach Süden vorgestrecktes italienisches Land, das am Wiener Hof eher überals untervertreten schien, und dies besonders auf dem Gebiet der Kunst, und da wiederum auf dem der Oper. Ein »Volkskaiser« wie *Joseph II.* hatte den Traum gehegt – unter vielen anderen –, »seinen Wienern« eine volkstümliche Opernkunst zu schenken, also ein Musiktheater höherer Ansprüche in ihrem eigenen Idiom. Das Wiener Singspiel war so zwar nicht entstanden, wohl aber stark gefördert worden, und kein Geringerer als *Mozart* hatte davon ein wenig – viel zu wenig, meinen wir – profitiert: »Die Entführung aus dem Serail« und »Die Zauberflöte« waren so entstanden. Ähnliche Erscheinungen waren auch in anderen deutschen Gebieten zutage getreten, wenn auch mit geringeren Mitteln und weniger illustren Resultaten. Aber es gab ja keine Zentralmacht – wie sie etwa von den französischen Königen repräsentiert wurde –, die einem »nationalen« Musiktheater den Weg hätte ebnen oder wenigstens erleichtern können. Und ebensowenig gab es opulente Höfe, wie Italiens Renaissance sie so prächtig gezeigt hatte, an denen Komponisten wie Maler, Architekten und Poeten ein gesichertes und kulturell interessiertes Umfeld finden konnten.

Aber trotz alledem läßt *Nicolai* nicht ab, sich nach der deutschen Oper zu sehnen. Er hat sich von der italienischen abgewendet, die er viele Jahre lang als die ihm vom Schicksal zugewiesene betrachtet hatte. Warum auch nicht? Es gab berühmte Beispiele deutscher Komponisten, die in fremden

Sprachen erfolgreichste Opern komponiert hatten: von *Hasse* angefangen, der bei *Alessandro Scarlatti* in die Lehre gegangen war, über *Gluck,* dessen Triumph in Paris besiegelt worden war, bis zu *Mozart,* dessen Stern in seinem vollen Glanz zwar erst nach seinem Tode aufgegangen war, der aber dem Jahrhundert *Nicolais* und diesem selbst als Krone des Musikschaffens erschien. Und da war auch ein Zeitgenosse *Nicolais, Friedrich von Flotow,* der sich selbst wohl ebenso zur französischen wie zur deutschen Schule rechnete: Sein *»Alessandro Stradella«,* mindestens so stark von »lateinischem« wie von deutschem Geiste durchweht, hatte soeben – 1844 – in Hamburg Furore gemacht (um ein Lieblingswort des deutschen Bühnenlebens und *Nicolais* zu gebrauchen) und er schrieb jetzt, was *Nicolai* nicht wissen konnte, an seiner neuen Oper »Martha«, die wie kaum eine zweite deutsche in Italien akzeptiert werden sollte.

Nicolai aber hatte sich von der italienischen Oper weitgehend innerlich gelöst. Er dirigierte sie natürlich am Theater in Wien, wo *Rossini, Donizetti,* auch *Bellini, Spontini, Cherubini* weitgehend das Repertoire beherrschten – wie überall auf der Welt –, aber sein Wunsch richtete sich immer stärker auf die deutsche Oper, trotz aller Schwierigkeiten und Begrenzungen, die dieser im Wege standen. Auf der Suche nach einem Stoff durchsucht er weiter unermüdlich die Weltliteratur, denn seine neue Oper sollte zwar deutsch in Sprache, Stil und Geist sein, keineswegs aber in ihrer Handlung nur dort vorstellbar. Und nun bleibt seine Fantasie endgültig am dicken *Sir John Falstaff* hängen, dem geld- und liebehungrigen Junker, der aus früher glänzendem Leben herabgesunken ist zu einer mehr als zweifelhaften, ja lächerlichen Existenz und sich trotzdem – nicht ohne gewisse »Grandezza«, wie man ihm trotz allem zuerkennen muß – ein Minimum an Würde zu erhalten sucht. Eigentlich überrascht die Wahl eines solchen »Helden« zur Hauptgestalt einer Oper; denn wenn auch *Siegfried Kapper* den Komponisten immer wieder auf die »Musikalität« der so grotesken Gestalt hinweist, liegt ihre Vertonungsmöglichkeit keineswegs so offen auf der Hand. Es versteht sich keineswegs von selbst, daß dieser sprichwörtlich gewordene »Sir John« von nicht wenigen Komponisten zur Opernfigur gemacht wurde – vor und nach *Nicolai,* wie auf Seite 253 dieses Buches nachzulesen ist. Die meisten dieser Opern stammen aus dem 19., dem romantischen Jahrhundert, und vor allem jene beiden, die bis zum heutigen Tage glanzvoll überleben und nichts von ihrer Beliebtheit eingebüßt haben: »Die lustigen Weiber von Windsor« aus der Feder *Otto Nicolais,* und das Alterswerk *Verdis:* »Falstaff«. Gerade »romantisch« kann man Gestalt und Stoff wahrlich nicht nennen; so könnte man höchstens die »lyrische« Nebenhandlung bezeichnen, die von beiden Meistern – eben als wirkungsvoller Kontrast – in das Werk bedeutungsvoll eingebaut wurde: die Liebe zwischen dem jungen *Fenton* und der Tochter des Ehepaares *Reich* (um bei der Namensgebung in der Oper *Nicolais* zu bleiben).

In seinem Tagebuch erzählt *Nicolai* einiges über die Entstehung des Werkes: »Inzwischen hatte ich mich für die Wahl eines Stoffes zu meiner neuen, für 1846 zu liefernden Oper umgesehen, und dieselbe war auf Shakespeares Lustspiel ›Die lustigen Weiber von Windsor‹ gefallen. Ich machte mir mit vieler Überlegung – und wohl zweckmäßig – den Plan zu dieser Oper. Durch Hauser, der damals als Gesangslehrer in Wien lebte und jetzt Direktor des Münchener Konservatoriums ist, machte ich die Bekanntschaft eines Herrn Jacob Hoffmeister aus Kassel, den er mir als Dichter empfahl. Hoffmeister versifizierte, meiner Idee folgend, die erste Nummer, die nach meinem ersten Entwurf ein Frauenterzett war, und ich begann demnach im Dezember 1845 die Komposition mit großer Lust und Liebe. Hoffmeister verließ indes bald darauf Wien, nachdem er nur die ersten zwei Nummern gedichtet. Somit unterblieb für den Augenblick die Fortsetzung der Komposition um so mehr, als ich auch in den Monaten Januar, Februar, März (1846) durch Einstudieren von Opern, Konzertdirektionen[1], Stundengeben und durch viele Soiréen so in Anspruch genommen war und nicht jene

[1] Dirigieren von Konzerten.

Sammlung des Geistes gewinnen konnte, die zu einer andauernden Komposition nötig ist. Nach Beendigung der Wintersaison gab ich mich nun ganz der Komposition meiner neuen Oper ›Die lustigen Weiber von Windsor‹ hin. Ich hatte die Bekanntschaft eines jungen Dichters H. S. Mosenthal[1] gemacht und mit ihm die Bearbeitung unternommen. Mosenthal lieferte mir die nach meinem Plan zu versifizierenden Stücke in viel gelungenerer Art, als es mir bisher jemand geleistet hat, und somit schritt die Arbeit rüstig vor. Der Plan selbst war übrigens von mir nach nochmaliger Prüfung geändert und vereinfacht worden, wobei die Person der bei Shakespeare bedeutenden Rolle der Frau Hurtig[2] ganz in Wegfall gekommen, ebenso auch mehrere andere bei Shakespeare vorkommenden Charaktere, welche die Besetzung einer Oper sehr erschweren, ja unmöglich machen würden, da jede Rolle in der Oper eine Schwierigkeit mehr bei der Aufführung zu bilden pflegt. Aus diesem Grunde hört man auch so selten eine vollkommen gute Aufführung des ›Don Juan‹ und des ›Figaro‹, denn beide Opern haben eine außerordentlich große Zahl von Sängern nötig, die alle bedeutenden Partien vertreten müssen, und heutzutage hat selbst das größte Theater fast niemals so viel Sänger ersten Ranges vereinigt, und besitzt sie ein Theaterdirektor auch wirklich, wie z. B. unser Balochino[3], so will er sie vereint an einem Abende nicht hergeben und besetzt höchstens die allerersten Rollen mit den ersten Künstlern, während er zu den anderen Partien nur zweite Mitglieder verwendet. Welche Dummheit ist das! Diese Opern tragen – wenigstens in Wien – immer viel Geld ein. Wie würde sich nicht erst der pekuniäre Erfolg stellen, wenn sie durchaus vorzüglich besetzt und aufgeführt würden? Ich komponierte also nun, und zwar mit Begeisterung und ohne Unterbrechung, an den ›Lustigen Weibern‹ fort, indem mir Mosenthal, der Hauslehrer bei der Familie Goldschmidt, erstem Buchhalter des Roth-

[1] Hermann Salomon Mosenthal (1821–77), Verfasser von Volksstücken und Librettist erfolgreicher Opern von Goldmark (»Die Königin von Saba«), Ignaz Brüll u. a.

[2] in Verdis »Falstaff« unter dem Namen Miß Quickly.

[3] Der Pächter, also Impresario oder Direktor der Wiener Oper.

schildschen Hauses in Wien, ist, nummerweise den Text lieferte und ich ihm jede Nummer mit 10 Gulden honorierte. Ich war in der Hälfte des ersten Finales, als mein Urlaubsmonat Juli eintrat. Ich benutzte ihn zu einem Ausflug nach Ungarn, und in Papa, einem dem Grafen Carl Esterhazy gehörenden Städtchen im Raaber Comitat[1], wo ich im Schlosse des Grafen ein herrliches Zimmer bezog, vollendete ich den ersten Akt. Nach zehn Tagen reiste ich wieder ab. Ich verweilte dann drei Tage im Schlosse des Bischofs von Raab, Herrn Johann v. Sztankowitz, der ein alter, jovialer, höchst liebenswürdiger Herr ist und einen wahrhaft fürstlichen Haushalt führt. Schon am 15. Juli war ich wieder in Wien und habe dann in diesem Monat keine weitere Reise, jedoch viele Ausflüge in die herrlichen Umgebungen Wiens unternommen und immer weiter an meiner Oper gearbeitet ...«

Das Tagebuch – das in diesem Teil erst im Mai 1847 zu Papier gebracht, eher den Charakter von Erinnerungen als eines wirklichen Tagebuchs besitzt – erzählt dann von einer neuerlichen Ungarnfahrt, in Begleitung des Fräuleins *Pauline Stradiot,* einer Sängerin, mit der *Nicolai* in immer engeren Kontakt tritt und die er zu heiraten gedenkt, sowie des jungen *Josef Hellmesberger,* Sohn des »Orchesterdirektors«, der bei den Philharmonischen Konzerten eine wichtige Rolle spielte, wie wir sahen; sie führen beim Bischof von Raab/Györ eine Messe *Nicolais* auf, die sehr gefiel. Dann kommt *Nicolai* wieder auf die Oper zu sprechen, die zweifellos sein Hauptanliegen in jenem Jahr geworden war:

»Nach Wien zurückgekehrt setzte ich die Komposition der ›Lustigen Weiber‹ eifrig fort. Im September 1846 war ich so weit, daß ich Balochino die Anzeige zu machen imstande war, er könne meine neue Oper, dem Kontrakte gemäß, noch in diesem Jahre geben. Von diesem Augenblicke an begann eine fortlaufende Reihe von Unglücksfällen und Unannehmlichkeiten für mich, die sich bis jetzt[2], also durch sieben Monate, fortsetzt und nicht aufgehört hat. Balochino

[1] ungarisch: Györ.
[2] Mai 1847.

schrieb mir zurück, daß er meine neue Oper für dieses Jahr refüsiere, weil ich sie zu schreiben für das vergangene verpflichtet gewesen sei. All mein Protestieren, Ersuchen an Sedlnitzki, Berufen auf das von dem Letzteren Versprochene[1], Vorstellungen etc. etc., alles half nichts – und ich hatte den Schmerz, meine ›Lustigen Weiber‹ abgelehnt zu sehen. Daß meine Lust zum Weiterkomponieren an denselben dadurch ungemein gedämpft wurde, versteht sich von selbst, und im Oktober hörte ich damit dann gänzlich auf. Mit diesem Schlage war es auch entschieden, daß meine Stellung als Kapellmeister mit Ablauf meines dermaligen Kontraktes ein Ende nehmen würde, denn Balochino und ich konnten nun unmöglich mehr miteinander leben, wir waren zu sehr aneinander geraten. Freilich blieb noch die Hoffnung, daß die Staatsverwaltung (eigentlich Graf Sedlnitzki – der Hof ist ganz teilnahmslos –) dem Balochino, dessen Pachtkontrakt mit dem 1. April 1847 ablief, das Theater nicht weiter lassen würde, da eine allgemeine Unzufriedenheit im Publikum mit diesem von allen gehaßten Menschen vorhanden war – indes ›in Wien bleibt man halt beim Alten‹ und das Theater wurde trotz alledem wieder Balochino und Merelli überlassen[2]. Durch die Ablehnung meiner Oper verlor ich also 500 Gulden, stipuliertes Honorar und hatte an Kosten, um zu diesem Buch zu gelangen, mit Hinzurechnung der an Prechtler und Kapper[3] für ihre vergeblichen Versuche gemachten Zahlungen, bereits 300 Gulden von dem Meinigen ausgegeben. Lohnt es sonach ein deutscher Opernkomponist zu sein?«

Einige auf die »Lustigen Weiber von Windsor« gemünzten Stellen aus dem reichhaltigen Briefwechsel mit dem Vater sollen noch angeführt werden, um die Entstehungsgeschichte des Meisterwerks zu ergänzen. Zu Ende eines längeren Schreibens vom 30. Mai 1846, das sich wie immer vor allem mit dem Zustand und den Problemen des Vaters be-

[1] Graf von Sedlnitzki, ein hoher Hofbeamter, war Balochinos Vorgesetzter.

[2] Merelli, der Mitdirektor Balochinos, war Impresario der Mailänder Scala und spielt in Verdis Anfängen eine bedeutende Rolle.

[3] Prechtler und Kapper, Wiener Schriftsteller, hatten sich erfolglos um Libretti für Nicolai bemüht. Kapper erwirbt später große Verdienste um Nicolais Nachruhm.

schäftigt, lesen wir: »... Wenn Du wohler sein wirst, so möchte ich Dir gerne von meiner jetzt angefangenen Oper sprechen, und – wenn Du nur herkommen wolltest, Du könntest mir sehr nützlich sein. Warum denn Dein Brot von andern erwerben. Du könntest ja für mich literarisch arbeiten – ich brauche solchen Beistand ...«
Vergeblich bemühte der Sohn sich seit Jahren, den stellungslosen und verbitterten Vater zu sich zu nehmen, anstatt ihn mit schwer errungenem Geld in völlig untergeordneten Positionen zu unterstützen. Vater *Nicolai*, der einstige »Musikdirektor« – als der er sich immer noch titulieren läßt, und wäre es auch nur auf den Briefumschlägen seines Sohnes –, versteht es immer wieder, eine Übersiedlung hinauszuschieben und den Sohn zu nicht endenden Opfern zu bewegen. Am 26. September 1846 unterrichtet *Otto* seinen Vater über das Vorgefallene und seine Lage: »... Mir selbst geht es in der letzten Epoche mit meinen Affären nicht gut. Der Theaterdirektor refüsiert meine neue Oper, und auf diese Art verliere ich 500 Gulden am Kontrakt und habe 300 Gulden für den Text bezahlt, ohne den Schaden in Anschlag zu bringen, der mir aus der unterbliebenen Aufführung erwächst ...«
Am 23. Oktober des gleichen Jahres 1846 schreibt *Nicolai* an seinen Vater: »... Leider kann ich Dir jetzt von mir keine erfreulichen Nachrichten geben. Ich habe meine Wohnung soeben gewechselt (am 14. Oktober war die Ausziehezeit) und habe die neue halbjährlich mit 170 Gulden vorauszahlen sowie in der verlassenen 50 Gulden für das letzte Vierteljahr, die ich noch restierte, zahlen müssen. Dadurch befinde ich mich buchstäblich ohne Geld und kann Dir also mit diesem Briefe keines schicken. Das macht mich mißmutig. Mehr noch kränkt mich und stimmt mich herab, daß der Theaterdirektor Balochino meine neue Oper ›Die lustigen Weiber von Windsor‹, an denen ich auch in diesem Augenblicke schreibe, auszuführen refüsiert, obgleich wir deshalb einen Kontrakt hatten[1]. Da das Theater unter der Pacht die-

[1] Dieser Punkt ist juristisch gesehen nicht so einfach zu entscheiden, wie Nicolai glaubt oder zu glauben vorgibt. Eine für 1845 vertraglich geplante Oper kann kaum durch einseitige Entscheidung des Komponisten um ein Jahr verschoben werden ...

ses Menschen wieder bleiben wird, so beabsichtige ich Wien zu verlassen. Ich bin es auch meiner Stellung als Kompositeur schuldig, einmal wieder hinauszuziehen und nicht hier kapellmeisterlich zu versauern ...« Hierauf ergeht *Nicolai* sich in der Schilderung einer neuen Erkrankung, die ihn überfallen hat. Den Symptomen nach dürfte es sich um eine Geschlechtskrankheit gehandelt haben; die Vorwürfe, die er an seinen Wiener Arzt richtet, sind – wie begreiflicherweise vieles – als sehr subjektiv zu verstehen. Jedenfalls wird von da angefangen sein schon immer schwacher und labiler Gesundheitszustand kaum mehr eine Genesung und Zeit des Wohlbefindens zulassen – bis zum frühen Tode, von dem ihn nur noch eine kurze Frist trennt. Doch hält er sich bei der Schilderung seiner Krankheit nicht lange auf, ja er meint sogar, daß »das alles, wenn ich den Blick aufs Ganze richte, nur vorübergehende Kleinigkeiten sind, und im Ganzen habe ich noch immer alle Ursache zufrieden zu sein und Gott zu danken ...«

Und dann geht er zum Lieblingsthema über, zur Komposition: »... Meine neue Oper hat mir schon beim Komponieren viel Freude gemacht. Das Schaffen sind doch die schönsten Stunden des Künstlers – wenn ich mehr Erfindung, mehr Genie hätte, so wollte ich mich dreist in die allererste Reihe stellen, denn das Aufschreiben, das Instrumentieren, die Anwendung aller Gesangs- und Instrumentalmittel kann ich ganz außerordentlich. Wie würde ich mich freuen, wenn mein Vater bei mir wäre, um das Gemachte immer gleich sehen, das Aufgeführte unter den Ersten mithören zu können ...« Mutet es nicht ergreifend an, wie *Nicolai* sein Leben lang um die Liebe eines Vaters wirbt, der sie kaum jemals verdient haben dürfte?

In einem Brief vom 29. März 1847 teilt er dem Vater mit: »Da Deine letzten Zeilen aus Cadinen[1] keine Antwort auf meinen letzten Brief bilden, der Dir abhanden gekommen

[1] in Ostpreußen. Die meisten vorhergegangenen Briefe an den Vater tragen die Adresse: »Herrn Musikdirektor Carl Nicolai Wohlgeboren, zur Zeit in Adelig-Rauden bei Pelplin über Graudenz-Westpreußen«.

ist, so ersehe ich auch daraus, daß Du die Nachricht von meiner Krankheit vergessen hast, und fast freut mich das, denn so weiß ich doch, daß Du Dir über dieselbe keine Sorge machst, da Du ihrer auch in Deinen letzten Zeilen mit keiner Silbe erwähnst. Dennoch muß ich Dir die wenigstens für mich traurige Post geben, daß ich noch immer krank bin; es ist jetzt schon über 5 Monate. Jetzt endlich – nach Beendigung meiner Kontraktzeit – kann ich mich einer restlichen Kur hingeben, die ich begonnen habe, und die mich für mehrere Wochen ans Bett fesselt, welches schon längst der Wille der Ärzte war, dem ich aber nicht früher nachkommen konnte, um nicht meinen Gehalt einzubüßen. Nach meiner Herstellung, die im April mit Gottes Hilfe bevorsteht, verlasse ich Wien gänzlich. Am vorigen Sonntag habe ich mein Abschiedskonzert gegeben[1] und abends zum letzten Male im Theater (den ›Don Juan‹) dirigiert. Jetzt habe ich den Direktionsstock für Wien niedergelegt[2]. Was ich dann tun werde, weiß ich selbst noch nicht, jedoch sollst Du es in den ersten Tagen des Mai erfahren. Willst Du an mich in Wien noch schreiben, so muß es im Monat April sein. Ich ersuche Dich darum auch wegen einer Dich betreffenden Angelegenheit . . .«

Es handelt sich, wieder einmal, um Rechnungen, die den Vater betreffen und die dieser dem Sohn zur Begleichung geschickt hat. Nicolai aber erbittet, bevor er dies tun will, nähere Erklärungen. Der Brief endet mit den Worten: »Ich bin jetzt einstweilen – krank und ohne Anstellung, jedoch für die nächsten Monate durch meine Kasse[3] gedeckt, die aber leider nicht so gefüllt ist, wie für uns beide gut wäre . . .«

Der nächste Brief *Nicolais,* den wir besitzen, stammt vom 26. Oktober und lautet sehr traurig: »Mein teurer, lieber Vater! Zu Deinem bevorstehenden Geburtstage bringe ich

[1] Am 21. März 1847 fand Nicolais Abschiedskonzert im Zyklus der von ihm gegründeten »Philharmonischen Konzerte« in Wien statt. Auf dem Programm standen u. a. drei Bruchstücke aus der noch unvollendeten Oper »Die Lustigen Weiber von Windsor«.

[2] Die Benützung eines Taktstocks war noch ziemlich neuen Datums.

[3] gemeint ist das von ihm ersparte Geld, Sozialeinrichtungen waren unbekannt.

Dir meine innigsten und herzlichsten Segenswünsche dar. Du hast schon lange nichts mehr von mir gehört. Auch, lieber Vater! ich konnte Dir nichts Erfreuliches schreiben! und heute – wo ich, um von Dir nicht verkannt zu werden, doch ein Zeichen meines Andenkens an Dich geben muß, weiß ich kaum, ob ich Dir etwas von mir oder ob ich mich darauf beschränken soll, nur meinen liebevollen Glückwunsch zu Deinem Geburtstag auszudrücken. Könnte ich Dir freudige Nachrichten mitteilen, so wäre dies wohl für Dein liebendes Herz das beste Angebinde, aber leider ist dem nicht so, und soll ich Dir ein Geschenk von Betrübnis machen? – Jedoch ich bedenke, daß Dir eine, wenn auch betrübte Mitteilung doch wohl noch lieber ist als Ungewißheit nach trauriger Andeutung, bei welcher Deine Phantasie vielleicht noch Schlimmeres erfindet, als es wirklich ist. Ich bin noch immer krank, und das nicht unbedeutend! Jetzt ist es nun schon, Gott sei es geklagt, ein ganzes Jahr! – Mit dem ersten Oktober kam ich nach Berlin ...«

Mit Ausnahme eines Absatzes, in dem *Nicolai* über seinen Besuch beim König berichtet: »Bei meiner Anwesenheit vor 3 Jahren schien er mir noch gnädiger als jetzt«), enthält das Schreiben nur Bitteres. Es endet: »Möge es Dir ganz anders als mir gehn! – Das ist der beste Wunsch, den ich Dir bringen kann! Schreibe doch bald an mich. Meine Adresse ist Leipziger Straße No. 89. Erhalte mir Deine väterliche Liebe ... am Ende aller Enden muß man die Hoffnung doch noch nicht ganz sinken lassen! Vielleicht haben wir noch einmal ruhiges Glück miteinander zu genießen! O Gott, guter Gott! Das walte Du! ...«

Aus *Nicolais* Briefen geht hervor, daß er keineswegs mit einer festen Zusage oder gar bereits einem Vertrag nach Berlin ging. Die Gründe, aus denen er Wien verließ, leuchten zwar bis zu einem gewissen Grade ein: die Ablehnung seiner »Lustigen Weiber von Windsor«, die im übrigen noch gar nicht fertig waren, so daß die Ablehnung sich nicht auf die künstlerische Qualität beziehen konnte, sowie der Wunsch, »als Kompositeur nicht kapellmeisterlich zu versauern«. Aber ob dieser Bruch in einer materiell doch arg beengten

Situation in jenem Augenblick ratsam war, darf bezweifelt werden. *Nicolai* träumte, von den Wiener Verhältnissen (in denen immer »alles beim alten blieb«, wie er notierte) in vieler Hinsicht bedrückt, von einem freieren, schöneren, von Intrige unbelasteteren Betätigungsfeld; und er sah dies begreiflicherweise in Berlin, denn von hier aus war ja 1844 eine so ehrenvolle wie herzliche Einladung an ihn ergangen. Er glaubte also mit einer Anstellung hier rechnen zu können, noch dazu mit einer doppelten, da *Mendelssohn* die Domkonzerte abgegeben hatte (und 1847 starb) und ein Kapellmeisterposten an der Hofoper dem erfolgreichen Dirigenten aus Wien stets offenzustehen schien.

Und so unternahm *Nicolai* in den letzten Septembertagen des Jahres 1847 die Fahrt nach Berlin, wo er, wie wir eben lasen, am 1. Oktober ankam. Er hatte viele Tage lang mit der Einrichtung seiner Wohnung zu tun, denn er hatte, wie er dem Vater schildert, alle seine »Musikalien, Effekten, Bücher und einen Flügel« aus Wien kommen lassen.

Etwa einen Monat nach dem vorigen Brief schreibt er (am 21. November 1847) neuerlich an den Vater: ». . . Ich bin noch immer ohne Einkommen; ich lebe seit bereits 8 Monaten bloß von meinem wenigen Ersparten; ich zahle trotzdem regelmäßig meine monatlichen Unterstützungen an meine Mutter[1] und an Cassandra; ich habe durchaus kein Geld mehr übrig; außerdem bin ich fortwährend krank und dem Doktor und der Apotheke in Händen. – Ich bin außer Stande, Deine auf mich gestellte Anweisung zu honorieren, sowie ich über diese Art Deines Verfahrens wahrhaft erstaunt bin . . .« Der Brief ergeht sich dann in bitteren Vorwürfen über die nicht endenden Geldforderungen des Vaters; er zitiert acht Jahre zurückliegende Briefstellen, um die wenig verständnis- oder gar liebevolle Art des Vaters zu belegen. Dann folgt ein Satz, der mit einem Male einen tiefen Einblick in Nicolais Seelenzustand zuläßt: nur die Zermürbung, die Krankheit, Enttäuschungen und alte, nie »bewältigte«

[1] die Stiefmutter.

Erinnerungen in ihm nun immer fühlbarer verursachen, reißt ihn hin, zu schreiben: »... Wenn Du mir schreibst, daß Herr Brikner gesagt habe: er zweifle nicht, daß ich meine Pflicht gegen meinen 63jährigen Vater erfüllen und ihm die 150 Taler, die er geborgt, schicken werde –, so könnte ich natürlich leicht veranlaßt werden, bei diesem Herrn mich zu rechtfertigen, wenn ich es *nicht* tue. Darum schreibe mir nie, ›andere Leute‹ seien im Begriff oder der Ansicht, mich auf meine Pflicht weisen zu dürfen, denn sonst wäre ich gezwungen, Anderen Mitteilungen zu machen, die doch nur unter uns bleiben und selbst unter uns besser nie erwähnt würden!« Noch über einige weitere Seiten reicht der Erguß aus tiefstem, verwundetem Herzen, die Vorwürfe über des Vaters Lebensweise – der es vorzieht, bei Fremden in untergeordneter Dienststellung zu verharren, anstatt das immer wieder dringlich vorgebrachte Angebot des Sohnes auf ein gemeinsames Leben anzunehmen – reißen nicht ab: »... Was würde ich nicht für Freude gehabt haben, wenn mein Vater Teilnehmer und Augenzeuge meiner Leistungen und Erfolge in Wien gewesen wäre, und wenn ich in seiner Liebe und Freundlichkeit eine Belohnung, einen Dank dafür gefunden hätte, daß er bei mir ein ruhiges, sorgenfreies Leben geführt hätte?! Das hast Du aber nie gewollt; Du wolltest durchaus fern von mir sein, aber Geldunterstützungen in der Ferne von mir haben. Bist Du oder warst Du in der Lage, solche von mir annehmen zu wollen, so mußtest Du auch nicht zu stolz sein, um den Anblick Deines Sohnes unter solchen Verhältnissen nicht ertragen zu wollen ...«
Dann geht der Brief in einen anderen Ton über, aber auch dieser wohl wichtigste seiner Aspekte wird dann sofort wieder auf die unselige Vater-Sohn-Beziehung umgemünzt: »Wahrscheinlich werde ich hier Hof-Kapellmeister werden; die Unterhandlungen sind bereits im Gange. Von dem Augenblick an, wo meine Stellung mir übergeben ist und ich in Berlin bestimmt bleibe, biete ich Dir nun heute wieder freies Leben bei mir an ...«
Diese Verhandlungen wurden wesentlich gefördert durch ein Ereignis, das wenige Tage vorher stattgefunden hatte; ja

vielleicht wurden sie dadurch sogar erst wirklich ausgelöst, nachdem es vorher möglicherweise nur unverbindliche Fühlungnahme oder Gespräche gegeben hatte. Über dieses Ereignis lesen wir in der »Vossischen Zeitung[1] « folgenden Bericht: »Potsdam, den 11. November (1847): Auf allerhöchsten Befehl wurde heute in der neuen Friedenskirche bei Sanssouci[2] vom ganzen Domchor aus Berlin der erste Versuch gemacht, zu ermitteln, wie sich in dieser Kirche Vokal- und Instrumentalmusik ausnehmen würden. Der Erfolg war durchaus günstig. I.I.M.M.[3] der König und die Königin waren zugegen, die übrige Versammlung glänzend und zahlreich. Der Hauptgegenstand der Vorträge bestand aus neuen Kompositionen im Kirchenstil von dem Kapellmeister O. Nicolai. Von ihm wurden aufgeführt: eine schöne Psalmodie, eine neue Liturgie, die dem Vernehmen nach in den evangelischen Kirchen eingeführt werden soll, und ein Psalm. Diese drei Nummern waren mit vieler Sicherheit und zarter Nuancierung a cappella[4] gesungen, endlich der 98. Palm mit Begleitung von Harfen, Trompeten und Posaunen, welche eine ungemein schöne und erhebende Wirkung machte. – Sr. Maj. der König beehrten Herrn Nicolai durch die Versicherung Allerhöchst ihrer Zufriedenheit mit dessen Kompositionen in den schmeichelhaftesten Ausdrücken . . .«

Der Abschluß kommt zustande. Nach langer, banger Pause ist *Nicolai* wieder in einem vertraglichen Zustand, der seine Existenz sichert. Er teilt dies dem Vater in einem – dieses Mal kürzeren – Schreiben am 21. Dezember 1847 mit: ». . . Ich bin noch immer ohne einen Groschen Einkommen; das ist nun bald ein Jahr so – bin noch immer in Händen des Arztes und der Apotheke. Vom 1. März an bin ich als Königlicher Kapellmeister bei der Oper, in völliger Gleichstellung mit Herrn Taubert[5] , und als Dom-Kapellmeister enga-

[1] Alte und angesehene Berliner Tageszeitung, im Volksmund familiär »Tante Voss«.
[2] In der königlichen Residenz Potsdam.
[3] Abkürzung für »Ihre Majestäten«.
[4] Ohne instrumentale Begleitung.
[5] Wilhelm Taubert (1811–91), königlicher Hofkapellmeister in Berlin.

giert ...« Den Rest des Schreibens (das wieder nach Cadinen adressiert ist, diesmal mit dem Zusatz an die Post: »über Elbing«) füllen finanzielle Erwägungen, eigene und solche auf den Vater bezügliche. Zuletzt heißt es: »... Mein Gehalt wird nur $166^2/_3$ Taler monatlich betragen, und die Pensionen für Mutter und Schwester müssen davon abgezogen werden. Ich will der Hoffnung Raum geben, daß alles unter uns doch noch einmal eine freundliche Ansicht gewinnen wird, und bleibe mit Liebe und Verehrung Dein gehorsamer Sohn ...«

Die vom Sohn so ersehnte »freundliche Ansicht« scheint sich zu Beginn des Jahres 1848 tatsächlich einzustellen. Im Brief *Nicolais* vom 5. Februar lesen wir: »... heute beeile ich mich, Dir sofort das Reisegeld zu Deiner Herfahrt zu mir zu übersenden. Das Fuhrgeld beträgt von Elbing bis Woldenberg mit der Eilpost 11 Taler; von Woldenberg über Stargard nach Stettin mit der Eisenbahn zweiter Klasse[1] 1 Taler $22^1/_2$ Silbergroschen, zusammen 15 Taler $15^1/_2$[2] Silbergroschen. Ich lege diesen Zeilen 25 Taler bei zu den Zehrungskosten, der Loseisung von Elbing und der Herfahrt. Auf mein Ehrenwort – ich bin ohne alles bare Geld und habe diese Kleinigkeit soeben erst von jemandem geliehen ... Daß Du unter diesen Umständen, die Du mir schilderst, wahrscheinlich augenblicklich kommen wirst, setze ich voraus und bitte Dich, mir Tag und Stunde Deiner Ankunft (welche man mit Eisenbahnen sehr genau bestimmen kann) vorher anzuzeigen, wenn es auch nur einen oder $^1/_2$ Tag vor Deiner Ankunft geschieht, damit wir Dich erwarten und empfangen können. Du wirst nun vorlieb nehmen müssen mit dem geringen Lose, das Dein Sohn Dir bieten kann ...«

Bescheidenheit, falsche Bescheidenheit – ein Hofkapellmeister an Oper und Dom in Berlin ist immerhin keine gesellschaftlich unbedeutende Persönlichkeit – oder die Freude, den Vater dann mit einer in Wahrheit freundlicheren Wirk-

[1] Die damaligen preußischen Eisenbahnen hatten drei, manchmal sogar vier Klassen, so daß ein Reisen in der zweiten Klasse durchaus »standesgemäß« war.

[2] Eine für uns nicht mehr recht verständliche Rechnung.

lichkeit überraschen zu können, also letzten Endes wieder ein Beweis für diese trotz aller Enttäuschungen nie endende Liebe des Sohnes? Es ist gleichgültig, denn der Vater trat diese Reise, trotz der sensationellen Neuerung der Eisenbahnen und der nun ziemlich genau vorauszubestimmenden Ankunften – überhaupt nicht an. War der »Reiseplan« überhaupt ehrlich gemeint oder nur ein Vorwand, dem im Augenblick fast mittellosen Sohn doch weiteres Geld aus der Tasche zu locken? *Nicolai* blieb allein, sein immer wieder gehegter Wunsch nach »Familienglück« blieb unerfüllt. Der Vater kam nicht, und die neuen Heiratspläne zerschlugen sich gerade wie schon viele vorhergegangene in *Nicolais* Leben.

Aber die neue Oper gewinnt nun endgültig Gestalt. War es der Auftrieb, den die neue Stellung ihm gab, die Aussicht, sein Werk auf einer guten Bühne zu sehen, das Interesse des Königs an seinen Kompositionen oder einfach die im echten Schöpfer nie erlahmende Lust am Schaffen: *Nicolai* nahm die unvollendeten Seiten der »Lustigen Weiber von Windsor« vor und vollendete das Werk. Ob mit so viel Genuß und Freude, wie er sie seinerzeit in Wien begonnen hatte, bleibe dahingestellt. Um das feststellen zu können, müßten wir über die Einzelheiten dieser Entstehung näher Bescheid wissen. Nehmen wir an, *Nicolai* habe das Werk der Reihe nach komponiert, dann bliebe noch zu untersuchen, ob der Schluß der Oper so frisch und lebendig wirkt wie der Anfang. Die letzte Szene des »Geisterspuks« im Walde muß in seinem Kopf längst – wahrscheinlich von Anfang an – festgestanden haben, denn ihre Motivverknüpfung mit der Ouvertüre beweist es eindeutig. Manchem Kenner des Werkes erscheinen Musiknummern des ersten und zweiten Akts besonders gelungen, vielleicht ein wenig inspirierter als solche des – in Berlin komponierten – dritten. Doch sind solche Erwägungen kaum von Wichtigkeit, da sie nur subjektiv entscheidbar sind.

Hingegen könnten andere Betrachtungen interessant sein: *Nicolai* ist um jene Zeit ein schwerkranker Mann, wenn er sich auch vielleicht des ganzen Ernstes seiner Situation nicht bewußt ist. Er wird nahezu ununterbrochen von Schmerzen gepeinigt, erlebt immer wieder unliebsame Überraschungen an seinem schon recht ausgezehrten Körper, Ausschläge, Geschwülste, die ihn psychisch nicht weniger belasten als physisch. Er muß, ganz gegen seine Gewohnheiten und Grundsätze, kleine Darlehen aufnehmen oder bei Bekannten Geld leihen, bis die Zahlungen der Hofkasse seine Finanzen allmählich wieder ins Gleichgewicht bringen. Nicht zuletzt leidet er an der Zeit und den Ausbrüchen von Unruhe und revolutionärer Gesinnung. Er ist offenkundig ein »unpolitischer« Mensch, ein Anhänger von »Ruhe und Ordnung«, königstreu und gottergeben, der sich über die Motive der Aufständischen keine Gedanken machen will und in erster Linie um seine eigene Existenz besorgt scheint. Das Jahr 1848 gehört politisch zu den bewegtesten der europäischen Geschichte. Doch nur ein sehr schwacher Widerschein fällt in *Nicolais* Leben und ein noch schwächerer in seine Briefe.

Bald nach Antritt seiner Ämter endet die Spielzeit, *Nicolai* geht in die Ferien, die er im Nordseebad Wangerooge verbringt. Von dort, wo er sich Heilung erhofft, schreibt er an den Vater: ». . . Von den Wirkungen des Bades kann ich bis jetzt, nachdem ich bereits 21mal gebadet habe, noch nichts erzählen, denn sie sollen gewöhnlich erst wochenlang nach vollendeter Kur eintreten . . . Bis jetzt haben die verwirrten politischen Zustände, Gott sei Dank, mich noch nicht weiter berührt als durch den Geldverlust an meinen Papieren. Was wird uns aber die Zukunft bringen? . . .«

In einem anderen Schreiben steht zum gleichen Thema: ». . . Gott sei Dank, daß in Paris die gesetzliche Macht den Sieg davongetragen hat, sonst würden wir hier gewiß schon im Blute schwimmen! Welche Zeit!! – Wie soll ich Gott genug danken, daß ich wenigstens für den Augenblick angestellt bin. Doch, wenn alles über den Haufen geworfen werden sollte – so falle natürlich auch ich . . .« Und im November dieses aufgeregten Jahres 1848 kommt er in einem Brief an den Vater auf das gleiche Thema zurück, allerdings erst nachdem er eine Reihe anderer recht ausführlich behandelt hat; da heißt es: »... Die politische Spannung zwischen dem König und der das Volk vertretenden National-Versammlung scheint jetzt ihren höchsten Grad erreicht zu haben. Man kann täglich einem neuen Ausbruch entgegensehen. Wien ist von den kaiserlichen Truppen ganz wieder genommen; das weißt Du jedoch. Wie wird das alles noch enden? Und was soll aus den Künsten werden?? Wenn ich jetzt ohne Anstellung wäre, es wäre schrecklich, denn privatim ist nichts zu verdienen. So sehe ich wohl, daß der gute alte Gott es mit mir noch immer zum Besten macht. Dank ihm dafür!! ...«

In diesem, *Nicolai* von allen Seiten her bedrängenden Jahr vollendet er »Die Lustigen Weiber von Windsor«. Hier stehen wir einer Frage, einem Problem gegenüber, das bei zahllosen Meistern beobachtet werden kann: das scheinbare Mißverhältnis zwischen den äußeren Lebensumständen und den unter diesen entstehenden Werken. Ein schwerkranker Mann, beinahe erdrückt von der Bedrohung seiner Existenz, geängstigt von der anwachsenden Möglichkeit eines Zusammenbruchs »seiner« Welt, ein Einsamer, dem es niemals gelingt, freundliche, befreundete Menschen um sich zu versammeln, und noch viel weniger in der Liebe einer Frau Erfüllung, Ruhe und Schaffenskraft zu finden: Ein solcher Mensch wirft humorvolle, geistreiche, elegant dahintänzelnde, innig empfindungsreiche Melodien aufs Papier, läßt eine echte Lustspieloper entstehen, deren Anhören reinste Freude auslöst, keinen trüben Gedanken aufkommen läßt, Dutzende von Malen zum Lächeln, kaum weniger oft zu befreiendem Lachen lädt ... Grenzt das nicht an ein Wunder? Das Wunder hat sich oft wiederholt: Komponiert nicht *Mozart* in unsäglicher materieller Bedrückung himmlisch heitere und sorglos beglückende Werke? Schreibt nicht *Beethoven* seinen unendlichen Verbrüderungsgesang an die Menschheit im tragischen Zustand fast völliger Vereinsamung und vielfacher Verbitterung? Und so entstehen die »Lustigen Weiber von Windsor« in Monaten, von deren äußerer Belastung die vorliegenden Zeugnisse ein niederdrükkendes Bild vermitteln, also anscheinend völlig zusammenhanglos mit dem grauen, trüben, sorgenvollen Alltag des Komponisten. Wie stark sind Fantasie und Innenleben begnadeter Menschen entwickelt! Wie riesig ihre Fähigkeit, sich über Kleinlichkeit, Widrigkeit des Daseins hinwegzusetzen im Augenblick der Inspiration, hinauszuschweben über jede Realität, hoch über alle menschlichen Mühen, Sorgen und Nöte!

Der letzte erhaltene Brief an den Vater ist vom 28. November 1848 datiert. Er enthält, neben den üblichen Geldangelegenheiten und den nun ebenso regelmäßig auftretenden Nachrichten über seinen Gesundheits- oder richtiger gesagt: Krankheitszustand eine kurze Bemerkung über künstlerische Pläne: »... Meine Oper habe ich der politischen Zustände wegen ins neue Jahr verschoben, da mir diese Zeit nicht geeignet erscheint ...« Beschließt *Nicolai* wirklich allein über Spielplan und Aufführungstermine? Oder teilte der Intendant seine Besorgnisse wegen der »Zeit«? Auf jeden Fall beziehen diese Worte sich auf »Die Heimkehr des Verbannten«, deren Berliner Premiere von *Nicolai* in einem früheren Brief für »Anfang Dezember« (1848) angekündigt worden war. Er hat das neue Aufführungsdatum nicht mehr erlebt: diese deutsche Fassung des »Proscritto« ging erst am 19. November 1849 in Szene – ohne Erfolg und mit nur einer einzigen Wiederholung.

Das konnte allerdings an *Nicolais* Nachruhm nichts mehr ändern, denn der war acht Monate vorher für lange, lange Zeit – bis zum heutigen Tage – strahlend begründet worden. Am 9. März 1849 dirigierte er in der Berliner Hofoper Unter den Linden seine kurz zuvor beendete Oper »Die lustigen Weiber von Windsor«. Das Publikum jubelte, von der Ouvertüre an, den ganzen Abend über. Drei weitere Abende konnte der Komponist sich im herzlichen Beifall wohl fühlen.

Die Presse verstand herzlich wenig. Die »Neue Zeitschrift für Musik«, ein Fachblatt, publizierte am 21. Mai 1849 folgende Besprechung: »Man kann nicht sagen, daß der Belagerungszustand Berlins auf die musikalischen Zustände daselbst nachteilig gewirkt hätte, im Gegenteil ist die Teil-

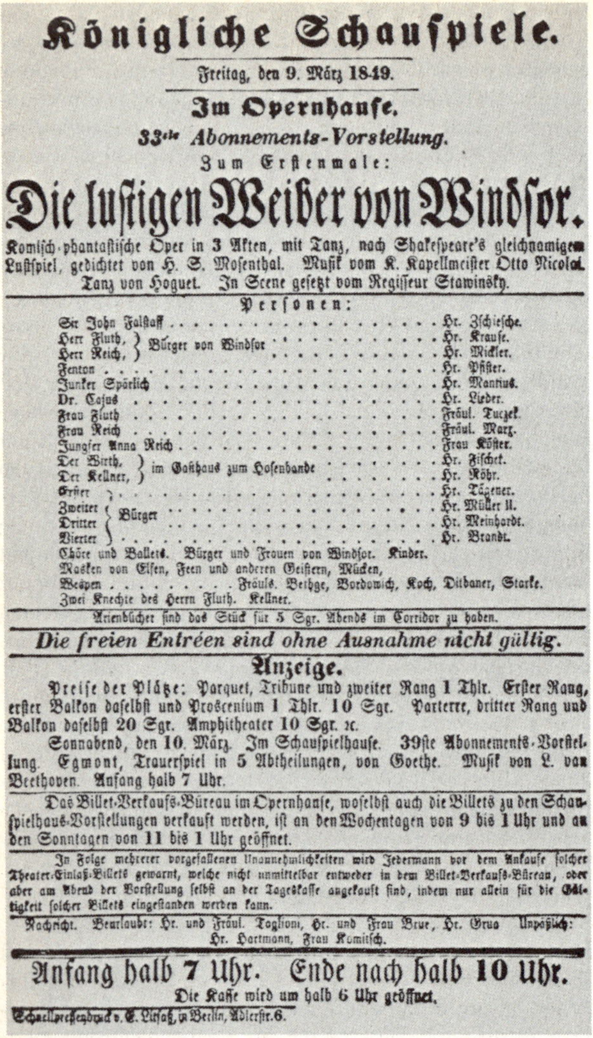

Königliche Schauspiele.

Freitag, den 9. März 1849.

Im Opernhause.

33ste Abonnements-Vorstellung.

Zum Erstenmale:

Die lustigen Weiber von Windsor.

Komisch-phantastische Oper in 3 Akten, mit Tanz, nach Shakespeare's gleichnamigem Lustspiel, gedichtet von H. S. Mosenthal. Musik vom K. Kapellmeister Otto Nicolai. Tanz von Hoguet. In Scene gesetzt vom Regisseur Stawinsky.

Personen:

Sir John Falstaff	Hr. Zschiesche.
Herr Fluth, } Bürger von Windsor	Hr. Krause.
Herr Reich, } Bürger von Windsor	Hr. Mickler.
Fenton	Hr. Pfister.
Junker Spärlich	Hr. Mantius.
Dr. Cajus	Hr. Lieder.
Frau Fluth	Fräul. Tuczek.
Frau Reich	Fräul. Marx.
Jungfer Anna Reich	Frau Köster.
Der Wirth, } im Gasthaus zum Hosenbande	Hr. Fischer.
Der Kellner, } im Gasthaus zum Hosenbande	Hr. Röhr.
Erster } Bürger	Hr. Tägener.
Zweiter } Bürger	Hr. Müller II.
Dritter } Bürger	Hr. Meinhardt.
Vierter } Bürger	Hr. Brandt.

Chöre und Ballets. Bürger und Frauen von Windsor. Kinder.
Masken von Elfen, Feen und anderen Geistern, Mücken,
Wespen . . . . Fräuls. Bethge, Bordowich, Koch, Ditbaner, Starke.
Zwei Knechte des Herrn Fluth. Kellner.

Arienbücher sind das Stück für 5 Sgr. Abends im Corridor zu haben.

Die freien Entréen sind ohne Ausnahme nicht gültig.

Anzeige.

Preise der Plätze: Parquet, Tribune und zweiter Rang 1 Thlr. Erster Rang, erster Balkon daselbst und Proscenium 1 Thlr. 10 Sgr. Parterre, dritter Rang und Balkon daselbst 20 Sgr. Amphitheater 10 Sgr. rc.

Sonnabend, den 10. März. Im Schauspielhause. 39ste Abonnements-Vorstellung. Egmont, Trauerspiel in 5 Abtheilungen, von Goethe. Musik von L. van Beethoven. Anfang halb 7 Uhr.

Das Billet-Verkaufs-Büreau im Opernhause, woselbst auch die Billets zu den Schauspielhaus-Vorstellungen verkauft werden, ist an den Wochentagen von 9 bis 1 Uhr und an den Sonntagen von 11 bis 1 Uhr geöffnet.

In Folge mehrerer vorgefallenen Unannehmlichkeiten wird Jedermann vor dem Ankaufe solcher Theater-Einlaß-Billets gewarnt, welche nicht unmittelbar entweder in dem Billet-Verkaufs-Büreau, oder aber am Abend der Vorstellung selbst an der Tageskasse angekauft sind, indem nur allein für die Gültigkeit solcher Billets eingestanden werden kann.

Nachricht. Beurlaubt: Hr. und Fräul. Taglioni, Hr. und Frau Brue, Hr. Gruo. Unpäßlich: Hr. Hartmann, Frau Komitsch.

Anfang halb 7 Uhr. Ende nach halb 10 Uhr.

Die Kasse wird um halb 6 Uhr geöffnet.

Schnellpressendruck v. E. Litfaß in Berlin, Adlerstr. 6.

Theaterzettel der Uraufführung am 9. März 1849.

nahme für Musik wieder so rege wie in früheren Zeiten. Die neue Oper ›Die Lustigen Weiber von Windsor‹ (es war, wenn ich nicht irre, die dritte Vorstellung, der ich beiwohnte) hatte das Opernhaus nur mäßig gefüllt. Sie scheint, so viel ich bei einmaligem Hören urteilen kann, zu denen zu gehören, die doch nicht gleich spurlos von der Bühne verschwinden, wo es dem Komponisten gelingt, durch glücklich nachgebildete pikante Melodien und Rhythmen das sogenannte große Publikum zu fesseln. Dabei ist alles gut arrangiert und die Szenerie im dritten Akt vortrefflich. Man kann nicht besser das phantastische Treiben der shakespearschen Elfen, Kobolde und Rüpel in die Wirklichkeit übertragen, als es hier geschehen. Nimmt man noch dazu einen Mondaufgang und eine Waldlandschaft im ersten Frühlingsgrün, so schön, wie beides die Kunst nur herstellen kann, eine dem ganzen entsprechende Musik, so wird man überzeugt sein, daß der Zuhörer vergißt, wie Falstaff eine gar zu unmusikalische Figur sei, die leicht ekelerregend wirkt, wie die Musik gerade nichts Neues enthalte, sondern Befreundetes für Liebhaber des Idealen und des Trivialen, und wie die Ausstellungen alle heißen mögen, und so mit einer Art Befriedigung das Haus verläßt . . .«

Zehn Tage bevor diese Chronik erschien, war die Katastrophe hereingebrochen. Knappe neun Wochen nach der Premiere seines Meisterwerks erlag *Nicolai* einem Gehirnschlag, dem Zerreißen von Blutgefäßen, gegen das es keine Hilfe mehr gab. Er war noch nicht 39 Jahre alt. Der Berliner Tonkünstlerverein stiftete die Grabplatte. Der Vater hielt es für angebracht, bei den Mitgliedern der Königlichen Kapelle eine Geldsammlung zu eigenen Gunsten zu arrangieren, womit er wenigstens indirekt zugab, weitgehend von den Unterstützungen des Sohnes gelebt zu haben.

»Die Lustigen Weiber von Windsor«, die *Nicolais* letzte Lebenstage vergoldet hatten, machten ziemlich schnell die Runde durch die Theater deutscher Zunge. Die *Wagner*-Strömung, die bald danach einsetzte, verbannte die »Spieloper« – das Wort erhielt angesichts der ungeheuren Dramen dieses Meisters einen beinahe etwas abschätzigen Beige-

Das Grab Otto Nicolais auf dem alten Dorotheenstädtischen Friedhof in Berlin.

schmack – in die »Provinz«, die am »großen« Operngeschehen der Zeit damals mit bestem Willen kaum Anteil nehmen konnte. Und als *Verdi* zur Krönung seines Lebenswerkes den gleichen *Shakespeare*-Stoff vertonte, verdrängte sein genialer »Falstaff« *Nicolais* Lustspiel noch weiter von den großen Bühnen und erstickte kleine Ansätze im Ausland, das absolut nicht »typisch deutsche« Werk dem internationalen Repertoire einzugliedern. Die große Opernrenaissance nach der Mitte des 20. Jahrhunderts führte zur glücklichen Wiederentdeckung der liebenswerten Partitur.

Von der Historie über Shakespeare zu Nicolai (und Verdi)

Das Vorbild des übermäßig dicken Trunkenbolds, erotischen und materiellen Schmarotzers »Sir John« hat gelebt. Vielleicht hätte man eine solche Theaterfigur voll prallen Lebens, umwerfender Unverschämtheit, grotesken Gehabes und sozialer Dekadenz gar nicht erfinden können. Da gab es, in Englands 14. Jahrhundert, einen Ritter namens John Oldcastle, also einen »Sir John«. Wenn wir ihn in einen historischen Zusammenhang stellen wollen, so muß dies im Umfeld des bedeutenden Reformators John Wiclif geschehen, der um 1325 geboren wurde und 1384 starb (nach anderer Version: 1387), so gehaßt von der Kirche, daß sie selbst seine Gebeine noch verbrennen ließ.
Er »griff mit der ganzen Wucht seines Temperaments ins Leben des Volkes hinein, warf eine Fülle von Abhandlungen und Flugschriften in die Öffentlichkeit. Er sagte vom Papst, daß seine Macht von Cäsar abgeleitet sei und nicht von Christus oder dem heiligen Petrus ... Nach seinen Sünden«, schrieb Wiclif, »soll jeder gerichtet, nach seinem Verdienste jeder gerettet werden – ohne Vermittler; er verwarf Sakramentslehre, Zölibat, Heiligenverehrung, Reliquiendienst, er bezeichnete den Besitz als Grundübel der Kirche ...« (Veit Valentin).
Was Sir John Oldcastle mit den religiösen Lehren Wiclifs zu tun hatte, steht nicht fest. Seine »Laufbahn« war eine durchaus weltliche: Er war Page des Herzogs von Norfolk (was Shakespeare zitiert und Verdi nach Boitos Text entzückend vertont, indem er den tonnenschweren Falstaff zu wehmütigen Tanzschritten singen läßt: »Quando era paggio del duque di Norfolk ...«, Als ich noch Page beim Herzog von Norfolk war, »era sottile, sottile, sottile ...«, war ich schlank, schlank, schlank ...), hernach aber scheint er von Stufe zu Stufe herabgesunken zu sein, wurde aus einem ritterlichen Trinker ein verkommener Säufer, aus einem galanten Kavalier ein lächerlicher Schwerenöter, der wahrschein-

lich »das Angenehme mit dem Nützlichen« verband oder zu verbinden suchte, indem er seine weiblichen Opfer nicht nur zu sicherlich nicht sehr appetitlichen Bettszenen mißbrauchte, sondern obendrein noch materiell ausnützte.
Oder tat dies gar nicht mehr der »historische« Sir John Oldcastle, sondern die Bühnengestalt, zu der Shakespeare sie zwei Jahrhunderte später umformte und die er unter dem Namen Sir John Falstaff unsterblich machte? Des genialen Dramatikers Fantasie war ja so übersprudelnd, so unbegrenzt erfindungsreich, daß er aus einem alltäglichen Venezianer namens Moro einen unvergeßlichen, vor Eifersucht rasenden Othello machte, und aus dem wahrscheinlich zufälligen italienischen Alltagsnamen einen wirklichen »Mohren«, indem er ein tiefwurzelndes rassisches Element ins grausame Spiel brachte. Warum sollte der große Shakespeare, Urbild der europäischen Dramatik, nicht auch der vagen Figur eines herabgekommenen Ritters aus dem 14. Jahrhundert ein völlig neues Image gegeben haben? Es paßte in die Zeit und paßte zu seinem Plan. Denn dieser Sir John war nicht nur als persönlich Herabgekommener zu sehen: In diesem Abstieg lag der Verfall seiner sozialen Klasse, der Aristokratie, die jahrhundertelang den Ton angegeben hatte in Europa und nun ihre Positionen Schritt um Schritt vor dem anstürmenden, aufwärtsstrebenden Bürgertum der Städte schwinden sah. Der Bürger arbeitete, schuf Werte, stellte Verbindungen über Länder und Meere her, die sich in immer stärkerem Einströmen von Gold und Geld auswirkten, und dem der Ritter auf seiner kahlen, kalten Burg nichts annähernd Gleichwertiges entgegenzusetzen hatte: Er schuf nichts, er arbeitete nichts, und als die Bevölkerungszahlen rasch anwuchsen und die neuen Mengen der Bürger bald entdeckten, daß der »große Herr« für sie keinerlei Wert mehr besaß, ja daß nun in immer stärkerem Maße sie es waren, die ihn beschützten, und nicht umgekehrt, da begann eine soziale Umwälzung, die den Beginn des »bürgerlichen« Zeitalters darstellte.
Längst waren die Gebeine des Sir John Oldcastle vermodert – wenn auch nicht, wie die Wiclifs, dem er möglicherweise

anhing, verbrannt worden –, als Shakespeare, vielleicht beim Blättern in Alt-Englands Geschichte, auf den Mann stieß, der ihm in sein dramatisches Konzept paßte. Die Königin, Elisabeth I., wollte wahrscheinlich von ihm ein Stück für einen lauen Sommerabend im Park des Schlosses zu Oxford. Verlangte sie einen besonderen Stoff, regte sie mehr an als einen vergnügten Theaterabend für sich und ihre Gäste? Wir wissen es nicht, es ist auch kaum wichtig. Sie wendete sich jedenfalls – unter vielen bedeutenden Literaten, Schriftstellern, Stückeschreibern, Poeten ihres Reiches – an den sicherlich genialsten, an William Shakespeare, den Mann aus Stratford-on-Avon, der im Londoner »Globe-Theatre« allabendlich seine zahlreichen Zuschauer zu entzücken, zu belustigen, ja auch aufzuwühlen verstand. Das Bühnenwesen blühte in Europa wie nie zuvor –, und am prächtigsten in den beiden Reichen, die auch die politischen Geschicke weitgehend in ihren Händen hielten: Spanien und England. Madrid und London waren die Hochburgen des europäischen Schrifttums und der Theaterkunst. Was Lope de Vega, Tirso de Molina, Calderon und Cervantes für die eine, war Ben Jonson, vor allem aber, in beinahe unfaßbarer Konzentration, William Shakespeare für die andere. Rechnet man zu diesen Iberiern und Angelsachsen noch das glänzende und vergnügliche italienische Volkstheater der »commedia dell'arte« hinzu, die ähnlich gelagerten Hanswurst-Komödien (darunter das Marlowsche Puppenspiel »Faust«!) der deutschen Lande und besonders Wiens, so kommt man zu einem reichen Bild des europäischen Theaterwesens, das nicht zufällig in eine Epoche fällt, da ein aufstrebendes städtisches Bürgertum sich mit königlicher Unterstützung einen Platz an der Sonne verschafft.
Dieser 1564 geborene Shakespeare hatte gegen Ende des Jahrhunderts eine fast schon unübersehbare Anzahl von Bühnenstücken verfaßt und aufgeführt, die zum guten Teil heute noch überaus lebendig, aktuell, ja aufregend sind. Sie aufzuzählen würde uns zu weit führen; nennen wir nur »Henry VI.« (1591), »King Richard III.« (1592), »Comedy of Errors« (1593), »The two gentlemen of Verona« (1594),

William Shakespeare (1564–1616),
dessen Komödie »Die Lustigen Weiber von Windsor« als literarische Vorlage diente.

»Love's Labour's Lost« (1594), »Romeo and Juliet« (1595), »King Richard II.« (1595), »A midsummer night's dream« (1595), »The merchant of Venice« (1596). So überreich floß seine Inspiration, so unvorstellbar schnell wurde sie aufs Papier gebannt, daß jahrhundertelang der Verdacht nicht verstummte, »Shakespeare« sei gar kein Mensch gewesen, sondern eine Art »Firmenmarke«, unter der viele Dramatiker Stücke beisteuerten; ja, die Ansicht fand des öfteren breiten Raum, »Shakespeare« habe nie gelebt . . .
Im Jahr 1597 schreibt Shakespeare sein Königsdrama

»Heinrich IV.« Darin kommt die Gestalt Sir John Falstaffs zum ersten Male vor: »Als Figur des Großen Welttheaters hatte Shakespeare ihn in seinen Königsdramen vorgestellt und eingeführt. Die Gestalt des schmarotzenden Aristokraten, zunächst wohl nur als Kontrastfigur geplant, um zu zeigen, auf welchen schlimmen Pfaden Prinz Heinz, der Sohn Heinrichs IV. und spätere Prachtkönig Heinrich V., in seiner Jugend wandelte, sie gewann wie von selbst immer mehr Eigenleben, ja materialisierte sich im verräucherten Dunstkreis der Londoner Kneipen so machtvoll wie das Leben selbst. Nicht nur seine körperliche Erscheinung, auch sein schlagfertiger Witz ist so raumfüllend, daß er fast – aber eben wirklich nur fast – die politischen Ereignisse an die Wand drückt. Mit den Augen der Moral betrachtet, ist Falstaff ein Lump. Aber niemand kann ihm gram sein, und als Prinz Heinz, der Thronfolger, vor der entscheidenden Schlacht von Shrewsbury glaubt, Falstaff sei gefallen – er irrt sich, Falstaff stirbt nie –, da gesteht dieser ehrgeizige junge Mann, der dann ganz Frankreich für sein England erobern sollte: ›Ich könnte besser einen Besseren missen . . .‹ Welche Gestalt, und wie muß Shakespeare sie geliebt haben! Er stand nicht allein da mit seiner Liebe. Er teilte sie mit seinem Publikum, und man erzählt sich, daß Königin Elisabeth I. so begeistert von Sir John gewesen sein soll, daß sie beim Dichter ein weiteres Stück, in dem Falstaff vorkommt, geordert hat . . .« (Werner Burkhardt[1]).
Und aus diesem königlichen Wunsch oder Befehl entstand, ein Jahr später, 1598 also, möglicherweise als Freiluftspiel für den Park von Oxford, jenes Theaterstück, in dem Sir John Falstaff nun die Hauptrolle übernahm: »Die Lustigen Weiber von Windsor«, The merry wives of Windsor. Auftragswerke pflegen im allgemeinen ein kurzes Leben über den Auftrag hinaus zu haben. Dieses bezaubernde Stück Shakespeares aber traf so genau den Publikumsgeschmack jener, dann der folgenden oder sogar noch unserer Zeit, daß es am Bühnenleben blieb. Belustigte es damals seine Zu-

[1] im Plattentext zur Einspielung der Oper auf Decca, 1977.

schauer mit der Persiflage der heruntergekommenen Aristokratie, so erfüllt es heute den so weit verbreiteten, wenn auch oft verschwiegenen Wunsch nach der »heilen Welt«. Nicht Sir John ist ihr Vertreter – wahrlich nicht, denn er ist, neben einer Art von seltsamem Philosoph, ein Säufer, Spieler, skrupelloser Liebhaber, Schuldenmacher, Betrüger, ja selbst Straßenräuber (welche Aufgabe er allerdings nicht persönlich erledigt, sondern durch seine Diener, wenn sich Gelegenheit dazu bietet) –, sondern seine Gegenspieler sind es. Allerdings nur bis zu einem gewissen Grade. Und Shakespeare wäre ein Moralprediger und nicht der weltumspannende Dramatiker, zeigte er nicht mit dieser »heilen Welt« zugleich deren Grenzen auf: Die eine – wahrscheinlich reizvollere – der beiden »Lustigen Weiber von Windsor« ist über Sir John Falstaffs Ansinnen einer kleinen Liebeständelei nicht nur darum empört, weil er einer ehrbaren Bürgersgattin derartiges zumutet, sondern fast mehr noch, weil er . . . kein schlanker, wohlgestalteter und liebenswerter Ritter ist, sondern eben der lächerliche Sir John Falstaff. Und damit die Bäume dieser »heilen Welt« nicht in den Himmel wüchsen, ist die netteste Schlußpointe nicht die abermalige Bloßstellung des grotesken »Liebhabers«, der zum dritten Mal sozusagen Prügel bekommt, sondern die List des jungen Mädchens, die sich zwei ungeliebten Freiern und den Mandaten ihrer Eltern reizend entzieht und ihrem Herzen folgt: auch das eigentlich ein Triumph der »heilen Welt«, in dem das Herz noch stärker war als Raffgier und Machtdenken.
Sir John Falstaff ist zur Type geworden. Don Juan bleibt faszinierend, obwohl er eigentlich ein Schuft, ein Gewalttäter, ein Lügner ist; Don Quixote wird liebenswert, weil er die absurdesten und nach menschlichem Ermessen dümmsten Dinge tut, dauernd Schein mit Sein verwechselt, Träume mit sogenannter Wirklichkeit. Und Falstaff genießt die lächelnde Sympathie aller Theaterbesucher, obwohl nicht viele gute Eigenschaften an ihm zu finden sind. Er wird bestraft, beileibe nicht zu hart, so daß als sicher gelten kann, er werde bald – wahrscheinlich in einer anderen Stadt – versuchen, was ihm in Windsor so schmählich mißlang: hübsche

Eine Illustration aus dem 19. Jahrhundert zu Shakespeares »Merry Wives of Windsor«.

Frauen zu verführen und dabei zugleich dringend benötigte Geldmittel für die eigene Tasche zu beschaffen. Oder, wie wir früher sagten: »das Angenehme mit dem Nützlichen zu verbinden«.
Die vergnügliche Geschichte des dicken Sir John hat überraschend oft Komponisten zur Vertonung gereizt. Überraschend, denn keine seiner früher angeführten Eigenschaften kann als sonderlich »musikalisch« gelten. Gewiß, es besteht eine eigenartige Verwandtschaft zwischen der Trunkenheit und dem Gesang, Verführungsversuche nehmen oft die Musik zu Hilfe, und Eifersucht – seitens betrogener Ehemänner – rast sich oft in wilden Arien aus. Aber alles das erklärt die Vorliebe so vieler Komponisten für den dicken Sir John und seine, von Shakespeare wohl völlig frei erfundene Geschichte nicht. Es ist wahrscheinlich das Gefühl einer »echten« Type, das ihn für Musiker und Nichtmusiker so anziehend macht.
Unter den Vertonungen ragen zwei hervor: die Nicolais aus dem Jahre 1849, die den Inhalt dieses Buches bildet, und die Verdis von 1893. Sie zu vergleichen hätte wenig Sinn, so wie es niemandem nutzen würde, einen alten Bauernschrank einem höfischen Rokokomöbel gegenüberzustellen. Beide haben – mit Recht – ihre Liebhaber. Nicolai hält sich – und seinen von ihm genau instruierten Textdichter Mosenthal – näher bei Shakespeares Originalkomödie, als dies der bedeutendere Dichter und glänzende Librettist Arrigo Boito für Verdi tut. Der zuvor zitierte Werner Burkhardt faßt einige der Unterschiede sehr treffend zusammen: »Verdi hat aus dem Stoff eine ›commedia lirica‹, Nicolai eine ›komisch-phantastische Oper‹ gemacht. Gegensätzlichere Auffassungen lassen sich schwer feststellen. Verdi und sein kongenialer Textdichter Arrigo Boito nehmen ihrem Gemeinschaftswerk fast ganz die Aura des beschaulichen Lustspiels, geben ihm das Gewicht einer großen Komödie, die es bei Shakespeare ja eigentlich gar nicht ist. Das schaffen sie durch ein wenig Mogeln, durch die eine oder andere Schummelei. Sie nehmen einfach ein paar Textpassagen aus den historischen Schauspielen, etwa Falstaffs berühmte Me-

Einige der Vertonungen von Shakespeares »Lustigen Weibern von Windsor«

Jahr	Ort	Komponist	Titel
1794	Mannheim	Peter Ritter	»Die lustigen Weiber von Windsor«
1796	Wien	Karl Ditters von Dittersdorf	»Die lustigen Weiber von Windsor und der dicke Hanns«
1799	Wien	Antonio Salieri	»Falstaff«
1834	? (Italien)	Saverio Mercadante	»Falstaff«
1838	London (?)	Michael William Balfe	»Falstaff«
1849	Berlin	Otto Nicolai	»Die lustigen Weiber von Windsor«
1850	Paris (?)	Adolphe Adam	»Falstaff«
1893	Mailand	Giuseppe Verdi	»Falstaff«
1929	London	Ralph Vaughan Williams	»Sir John in love«

ditationen über Wert und Unwert der Ehre, und legen sie dem Protagonisten ihrer lyrischen Komödie in den Mund. Das wertet ihn auf. Das läßt ihn fast in seinem alten Glanz erscheinen. Otto Nicolai und sein Textdichter Hermann Salomon Mosenthal halten sich da sehr viel buchstabengetreuer an Shakespeares Original, an die Kleinstadtidylle. Ist der Falstaff in den Königsdramen um Heinrich IV. (bei Shakespeare) noch ein staatsbedrohendes Element gewesen, hat er bei Verdi immerhin noch die Momente einstiger Größe und Verführungskraft, so ist er bei Nicolai zu einem liebenswert gemütlichen Bass-Buffo geworden, ungefährlicher noch als der mordlustige Osmin in den Vorhöfen von Mozarts Serail . . .«

Nun lebt Sir John, der einst als Page des Herzogs von Norfolk eine wahrscheinlich abenteuerlustige Jugend verbrachte und später ein vielleicht heruntergekommener Ritter wurde, nicht mehr als Oldcastle, wie er geheißen haben dürfte, sondern mit dem Phantasienamen Falstaff gewissermaßen als lebendes Symbol, als »Urtype« und singt sich lustig durch Opernwerke, lächerlich und doch nett, grotesk und zugleich mit wohlwollendem Lächeln betrachtet, absurd und doch nicht abstoßend, volkstümlich im weitesten Sinne des Wortes. Anstatt in ihm das untergehende Rittertum zu beweinen, erkennt man, wie menschlich es eigentlich in jeder Kleidung oder Verkleidung – ob König, Ritter, Bürger, Bauer, Arbeiter oder Landstreicher – zugeht oder zugehen kann oder zugehen sollte.

»Ein Meteor von einer Oper« hat Oskar Bie Nicolais »Lustige Weiber von Windsor« genannt. Und Oskar Bie war nicht irgendein Musikschriftsteller. In seinem arbeitsreichen Leben (1864–1938) hat er geradezu als Prophet der Opernrenaissance gewirkt, die Jahre nach seinem Tode, als der Zweite Weltkrieg vorübergebraust war, einsetzte. In seinem Hauptwerk »Die Oper« schrieb er 1913 folgenden Hymnus auf das Stück, das den Inhalt dieses Bändchens bildet:

> »Trotz Verdis Falstaff blüht sie heut noch in ihrer quellenden, glücklichen Musik, in der Elastizität des Orchesters, in der Pracht ihrer Erfindung, in dem Übermut ihres Stils, der Deutsches und Italienisches durch die Macht einer ungehemmten Phantasie verbindet, im tiefsten Grunde sinnig und empfindsam wie irgendein romantisches Werk, aber mit lächelnder Überlegenheit durch alle Erfahrungen und Finessen des Theaters gezogen . . . Das herzliche Bekenntnis eines liebenden Tenors steigt daraus empor, die Riesenbogen einer eifersüchtigen Kantilene, die verstellte Klage einer Frau, die ein ganzes Ensemble bindet. Trinkwettkämpfe im Stil einer Ballade, Walzer komplottierender Frauen und Polkas von Männern, die sich auf die Rache freuen. Das Stakkato schüchterner Liebhaber, das Lerchenlied des liederfrohen Erwählten, selige Liebesduette, versteckte Lauscherquartette, und wieder Walzer der Eifersucht, und Finales,

ohne jede Orchesterornamentik, geworfen aus dem Tempo der Szene, gespickt, gepfiffen, gerutscht, gehauen im Rhythmus, der der Modulation, und in der Harmonie, die dem Takt nachjagt. Und vom Jagen eine schöne leidenschaftliche Ballade, und vom Walde rauscht es schon heimlich in die süßen Geständnisse Annas, die sich aus all diesem Wirrwarr des Theaters im Leben auf dem lebendigen Theater des Windsorwaldes zu einer deutschen Innigkeit bekennen will. In einer wundervollen, hängenden Pracht des Orchesters geht der Mond auf, Märchenstimmen singen im Walde, neckisches Geflüster, funkelnde Fetzen, Kichern der Instrumente, Ständchenterzettini, Elfenreigen, Harfenglissandi, Anna, aus allem Italienertum erlöst, grüßt den Oberon ihres großen romantischen Meisters, Mücken, Fliegen, Wespen, Rüpeltanz, und unter ihren gar zu ausführlichen Beweisen erkennt Falstaff, daß man aus einer italienischen Komödie ihn zu der einfachen Herzlichkeit zweier wahrhaft Liebenden gelockt und bekehrt hat.«

Der Textdichter über den Komponisten

Hermann S. Mosenthals Erinnerungen zu Nicolai und ihre Zusammenarbeit an den »Lustigen Weibern von Windsor«

Nicolais Persönlichkeit bildete zu der Donizettis den schreiendsten Kontrast: ein kleines, schmächtiges Männchen, im Alter von sechsunddreißig Jahren halb wie ein Kind, halb wie ein Greis erscheinend, mit gelblichweißem Teint und gelblichweißen Haaren und Schnurrbart, mit graublauen, beweglichen Augen, spezifisch norddeutscher Sprache und jener aus gründlicher Bildung und gründlicher Arroganz gemischten Redeweise, die dem Süddeutschen imponiert und zugleich unerträglich ist. Wir nannten ihn unter uns »das weiße Mäuschen«, und bei den stetigen Diskussionen, die sein prickelnder Geist hervorrief, ärgerten wir uns, nicht daß er immer recht haben wollte, sondern daß er meistens recht hatte. Im Künstlerkreis war er anregend, amüsant, niemals liebenswürdig. Komische Lieder, die er in der »Concordia« vortragen ließ, übertrugen den kaustischen Kladderadatschwitz auf die Musik. Ich glaube, daß diese für einen Männerkreis geschriebenen geistreichen Kompositionen niemals veröffentlicht wurden. Nicolais unablässiges Streben war auf einen Operntext für Wien gerichtet; aber seine geistvolle Kritik erschwerte ihm die Wahl. Wie Weber bei seiner »Euryanthe«, Mendelssohn bei seinem fruchtlosen Suchen nach einem Libretto, wollte er zuviel mitarbeiten und entbehrte jener naiven Hingebung an das Werk eines Dichters, die diesen allein für das Buch verantwortlich sein läßt und den Tonsetzer auf das Gebiet seiner Muse beschränkt. Zuerst griff er nach einem Gozzischen Märchen, der »Ulla von Samarkand«, das er von Otto Prechtler bearbeiten ließ, verzweifelte aber bald daran, nachdem er den Dichter zur Verzweiflung gebracht hatte. Dann fand er in Shakespeares »Lustigen Weibern von Windsor« das Ideal seiner Träume. Er ließ sich Pläne und Bruchstücke von Prechtler, von Hoffmeister in Kassel, von noch mehreren anderen ausarbeiten, verwarf aber bald die Dichtungen und die Dichter; hätte er, wie

Hermann Salomon Mosenthal,
der Librettist der »komisch-phantastischen Oper«:
»Die Lustigen Weiber von Windsor«.

Wagner, sich selbst sein Libretto schreiben können, wer weiß, ob er sich nicht mit sich selbst verfeindet hätte!
In dieser fieberhaften Stimmung kam er zu mir und bat mich, mit ihm zu arbeiten. Ich kannte die Schwierigkeiten, aber ich bewunderte seine rastlose Liebe zu diesem Stoff, in dem er, ein guter Prophet, eine deutsche komische Oper von unzweifelhafter Popularität voraussah. Ich entwarf ihm ein

Szenarium, das er nach endlosen Diskussionen gut fand. Dann schrieb er selbst es ab und teilte es in zehn Abteilungen, zu welchen er mir zehn geometrische Zeichnungen brachte. Was mir damals komisch, ja absurd erschien, ist mir für die Zukunft heilsam und lehrreich geworden. Nach seiner Ansicht war jedes größere Musikstück einer Oper einer Pflanze mit Wurzeln, Stamm, Zweigen, Blättern und Blumen ähnlich. So hatte er nun ein jedes der zehn größeren Musikstücke, in die er die Oper zerlegte, genau gezeichnet, wie die Stimmen zusammen als Stamm beginnend sich verästeln und verzweigen, um sich dann in Blumen zu vereinen, oder einzeln beginnend sich zu gemeinsamen Stämmen finden und dann wieder zu Zweigen teilen und in Blumen vereinen sollten. Nach diesem Modell bat er mich zu arbeiten. Die Ouvertüre wollte er in den dritten Akt vor der Mondscheinszene im Park verlegen, eine Idee, von der er erst später abgekommen ist; für den Beginn des ersten Duetts wollte er einige Hoffmeistersche Verse beibehalten, die er für sein Eigentum erklärte. So arbeiteten wir denn zusammen ein peinliches halbes Jahr! Wenn er auch nach der zweiten Nummer, dem Duett zwischen Reich und Fenton, schon entzückt nach meinem ziemlich entfernt gelegenen Landhaus kam, mich zu umarmen, so kam er doch noch öfter, um mich auszuzanken, weil in einer Arie zweimal »denn« oder »doch« zu nahe hintereinander vorgekommen sei!
Die »Lustigen Weiber von Windsor« waren nahezu vollendet, als die Krankheit, die längst heimlich an seinem Mark zehrte, mit furchtbarer Vehemenz auftrat. Da das Jahr 1848 die Theaterverhältnisse ohnedies ins Schwanken gebracht hatte, so verließ Nicolai Wien, ohne Aussicht, seine vielgeliebte Oper hier aufgeführt zu sehen. Von Berlin sandte er mir begeisterte Berichte über deren Vollendung und die mit seiner zierlichen Handschrift kopierte Serenade Fentons, die er mir dediziert hatte.

Gedanken zu dieser Oper

1. Nicolais »Lustige Weiber von Windsor« gehören in die – nicht sehr lange – Liste der Meisterwerke der deutschen »Spieloper« oder »Lustspieloper«, die mit schöner Regelmäßigkeit auf den Theatern deutscher Sprache auftauchen, ihr Stammpublikum besitzen, populär gewordene Stücke enthalten, aber nur selten die Sprachgrenze überschreiten konnten. Zu dieser Reihe würden wir insbesondere zählen: Lortzings beliebteste Werke (wie »Zar und Zimmermann«, »Der Wildschütz«, »Der Waffenschmied«), Peter Cornelius' »Barbier von Bagdad«, Hermann Goetz' »Widerspenstigen Zähmung«, Hugo Wolfs »Corregidor«. Vor einigen Jahrzehnten hätte man noch Ignaz Brülls »Goldenes Kreuz«, Victor Nesslers »Trompeter von Säckingen« hinzugerechnet, die viel gespielt wurden. Hingegen gehören Mozarts »Entführung aus dem Serail« und »Zauberflöte«, Urbilder der Gattung, nur noch am Rande dazu, da sie längst den Durchbruch ins internationale Repertoire vollzogen haben. Ein gleiches wäre von Webers »Freischütz« sowie von Humperdincks »Hänsel und Gretel« zu sagen.
2. Das erste, worüber wir uns bei den »Lustigen Weibern von Windsor« Gedanken machen sollten, wäre der Titel. Warum »Weiber«? Es ist nun einmal so, daß dieses Wort im neueren Deutsch einen recht geringschätzigen Beiklang hat: Wir sprechen etwa – sicherlich oftmals zu Unrecht – von »Marktweibern« im Sinne der Eigenschaften wie Gewöhnlichkeit, Geschwätzigkeit, unfeines Gehabe und derber Ton, von den ins Deutsche übersetzten »Marketenderinnen«, den »Soldatenweibern« usw. In Shakespeares Stück aber, und darum auch in den Opern von Nicolai und Verdi (und den anderen, die wir aufgezählt haben als Vertonungen des gleichen klassischen Textes), handelt es sich um Bürgerinnen, für die das Wort »Frauen« angemessener wäre. Warum also

nicht (Anregung an Verleger und Theater): »Die Lustigen Frauen von Windsor«? Hier wurde – im 17. Jahrhundert – Shakespeares Originaltitel »The merry wives of Windsor« zu wörtlich, zu klanglich gleichlautend übersetzt, wozu in heutiger Zeit kein Anlaß vorliegt.

3. »Die Lustigen Weiber von Windsor« gehören in jene Gattung des Musiktheaters, die wir heute als »Literaturoper« bezeichnen. Ein weites Gebiet, zu dem alle jene Werke gehören, die sich auf Dramen oder Lustspiele der Theaterliteratur stützen, und dies (nach neuen Kriterien) in möglichst genauer, manchmal sogar wortgetreuer Anlehnung.
Als frühe Literaturoper könnte man vielleicht Mozarts »Hochzeit des Figaro« bezeichnen, die das damals hart umstrittene Lustspiel (mit eminent politischem Einschlag) des Caron de Beaumarchais als Grundlage verwendet. Literaturopern sind natürlich Rossinis »Barbier von Sevilla« (ebenfalls nach Beaumarchais), mehr noch sein »Wilhelm Tell« (nach Schiller), sind Verdis »Ernani«, »Macbeth«, »Rigoletto«, »Traviata«, »Don Carlos«, »Othello« und »Falstaff«, um nur die wichtigsten zu nennen. In unserem Jahrhundert die »Salome« von Strauss, die beiden Opern Bergs (»Wozzeck«, »Lulu«), mehrere von Henze, Britten, Einem, Klebe, Zimmermann u.v.a.

4. »Die Lustigen Weiber von Windsor« weisen, genaugenommen, drei Textdichter auf:
Hoffmeister, von dem der Textentwurf zur später allerdings umgeänderten ersten Szene stammt, Mosenthal, der die Hauptarbeit machte und der Komponist selbst, der die Prosaszenen fast ausnahmslos selbst entworfen und geschrieben zu haben scheint. Dadurch wird eigentlich noch unklarer, als es andere Erwägungen ohnedies erscheinen lassen, warum Nicolai nicht zur Handlungsweise Lortzings (und natürlich Wagners) überging, seine Libretti selbst zu schreiben. Das Zeug dazu hätte er wahrscheinlich gehabt, ein Versuch hätte wohl gelohnt.

5. In Nicolais Musik sind, wie in allen Werken ohne Ausnahme, Einflüsse erkennbar. Es ist dies selbstverständlich, denn jeder Komponist lebt in seiner Zeit und deren Musik – und ganz besonders ein Kapellmeister, der mehrmals wöchentlich fremde Werke dirigieren muß. Das darf nicht so weit gehen, daß bei jeder Melodie, jeder Harmonie, jedem Rhythmus, bei jeder Wendung und Nuance ein »Ursprung«, ein »Vorbild« in fremdem Werk hörbar wird (was man eben aus diesem Grunde als »Kapellmeistermusik« bezeichnet und recht niedrig bewertet).
   Weber und Mendelssohn waren wohl, bewußt oder unbewußt, Nicolais Vorbilder, Zeitgenossen, die wahrlich »tonangebend« genannt werden mußten. Des letzteren »Sommernachtstraum«-Musik hat mehrere Generationen von Tonsetzern stark beeindruckt und beeinflußt. (Wie weit wiederum Berlioz' »Romeo und Julia« hier eingewirkt hat, gehört auf ein anderes Blatt.)
   Aus Webers »Oberon« zitiert Nicolai eine Phrase wörtlich[1]. Heinrich Marschner dürfte nicht ohne Einfluß auf Nicolai geblieben sein, der dessen »Vampyr« und »Hans Heiling«, 1828 bzw. 1833 erschienen, gut gekannt und geschätzt hat. Interessanter hingegen als diese durchaus natürlichen Einflüsse der Landsleute sind die unüberhörbaren Beeinflussungen durch Italiener, und hier wieder vor allem durch Bellini und Donizetti; der letztere trat ja persönlich in Nicolais Leben mehrmals in Erscheinung, oftmals bewundert als Mensch und Musiker, einmal in einer unangenehmen Szene, die der berühmte Italiener dem ungleich weniger prominenten Deutschen machte.
6. In dieser letzten Oper Nicolais verbindet sich, wie sonst wohl vor allem bei Flotow, Italienisches mit Deutschem. Die vielen Jahre, die er südlich der Alpen zubrachte, wirken sich nun in Nicolais Schaffen positiv aus. Er beherrscht den deutschen Ausdruck so gut wie die italieni-

[1] Karl-Friedrich Dürr, Opern nach literarischen Vorlagen, Stuttgart 1979.

Sir John Falstaff.
Kupferstich. Aus: »Shakespeare's sämmtliche Schauspiele«.
Hrsg. v. Meyer. Bd. 24, T. 1. Gotha: Henning 1829

sche Belcanto-Technik, die es so meisterhaft versteht, die Singstimmen in vollem Glanze aufleuchten zu machen.

7. Es ist, namentlich neueren Kommentatoren, aufgefallen, daß Shakespeares Lustspiel »The merry wives of Windsor« und dementsprechend auch die Opern Nicolais und Verdis über diesen Stoff, eine »soziale Komponente« enthalten: Der Adlige, zuvor stets die führende Person, ist zum Zerrbild herabgesunken, der Bürger siegt (um es auf eine ganz einfache Formel zu bringen).

Aber man sollte nicht übersehen, daß auch der Bürger eine Schlappe einstecken muß: Annas Liebe triumphiert über bürgerliche Berechnung. Ist dieses Werk nicht letzten Endes ein rein menschliches Lustspiel, in das man für die Entstehungsjahrhunderte – die Wende des 16. zum 17. bei Shakespeare, das 19. bei Nicolai (und auch bei Verdi) – nichts hineinlegen sollte, was erst dem 20. Jahrhundert so erscheinen kann? Gewiß, Shakespeare verspottet einen Adeligen, aber einen hoffnungslos durch Suff und andere Laster herabgekommenen. Das zeigt höchstens, daß der Adel im England Elisabeths I. nicht tabu ist, und es bestätigt die entwickelte englische Demokratie, die dem Bürgertum eine wesentliche Rolle zuweist. Vielleicht könnte man dieses Stück also eher als »englischer Mentalität« bezeichnen, denn als politisch oder gar auf einen Klassengegensatz hinauslaufende Komödie.

8. Früher zeigte die »Ernste Oper« – die Opera seria der Italiener – zumeist einen Einblick in das Leben des Adels; die »Heitere Oper«, opera buffa, trieb ihre Scherze im Bürgertum oder, öfter noch, im »dienenden Stand«. Die Romantik, das bürgerliche Zeitalter, wertet diesen Stand auf, was nur selbstverständlich ist. In Richard Wagners »Meistersingern von Nürnberg« ist ein den »Lustigen Weibern von Windsor« ähnlich gelagertes Thema in den Mittelpunkt gestellt: Das Bürgertum ist in seiner Geschlossenheit, seinem Standesbewußtsein dem Adel nicht nur ebenbürtig, sondern oftmals überlegen. Bei Nicolai (und Verdi) ist es ein herabgekommener Aristokrat, der der bürgerlichen Welt nicht mehr gewachsen ist, bei Wagner, zwanzig Jahre später, ein letzter, einzelgängerischer Adeliger, der als »veraltet«, als völlig unzeitgemäß empfunden und vom Bürgertum belächelt, ja mit Genuß gedemütigt wird. Aber beiden wird Genugtuung zuteil: Falstaff allerdings nur passiv, da auch seine Gegner eine Schlappe erleiden. Stolzing aber erficht selbst einen Sieg, den ihm wichtigsten: in der Liebe. Beide Komödien sind also

weit mehr menschlich als politisch oder sozial zu verstehen, zu interpretieren und zu genießen.

9. Nicolai gibt (in einem »Rollenspiegel«) seinem Textdichter Mosenthal an, wie er sich die einzelnen Partien ihres Werkes vorstellt: »Frau Fluth, junge hübsche Frau, 20 Jahre, erste Sängerin, Sopran. Frau Reich, wohlerhaltene Frau von 35 Jahren, munter, jedoch weniger als ihre Freundin Fluth, erste Sängerin, Sopran. Ännchen, ihre Tochter, 17 Jahre, verliebt, schön, sentimental (jedoch nicht zu sehr), erste Sängerin, Sopran. Herr Fluth, 40 Jahre, sehr heftig, sehr eifersüchtig und lebhaft. Die bedeutendste Männerrolle dieser Oper, erster Sänger, Basso-buffo. Herrn Fenton, 25 Jahre, Herz und Kopf auf rechtem Fleck, liebt Anna wirklich, erster Sänger, Tenor. Falstaff, erster Sänger, Baß. Herr Reich, 50 Jahre, dick, sehr geizig, phlegmatisch, Weingesicht, zweiter Sänger, Baß.« Das meiste blieb so, wie der Komponist es sich vorstellte. Nur die Rolle der Frau Reich wird zumeist einer Mezzosopranistin anvertraut, die des Herrn Fluth einem Bariton.

10. Die Oper läuft auf zwei Ebenen ab, die sehr geschickt miteinander verbunden sind. Die eine Handlung wird von Sir John Falstaff getragen, der die »lustigen Weiber« als Gegenspielerinnen hat. Die Parallelhandlung wird durch die Liebesaffären Annas gebildet: ihr gehören Spärlich und Cajus an, die sie verabscheut oder verlacht, sowie Fenton, der ihr Herz erobert hat und sie zuletzt heimführt. Das Band zwischen den beiden Handlungen wird durch das Ehepaar Reich gebildet, Annas Eltern, die in ihre Wahl eingreifen wollen, aber dabei ebenso blamabel unterliegen wie Falstaff in seinen Bemühungen um Frau Fluth und Frau Reich. Die Moral von beiden Geschichten könnte lauten: Es kommt eben doch alles so, wie es kommen muß.

11. Zu bedenken wäre noch ein Punkt, der von den meisten Zuschauern gar nicht beachtet wird. Falstaff begehrt die beiden Frauen nicht oder nicht nur aus erotischen Gründen; recht deutlich spricht er seine Habgier auf ih-

ren Reichtum – allerdings nur zu sich selbst – in einem Monolog aus. Dieser Zug wertet ihn ab, macht ihn eigentlich unsympathisch; aber er geht zumeist gegenüber dem anderen, dem erotischen, also viel musikalischeren Aspekt unter. Erotik ist ein urmusikalisches Thema, Geldgier kaum. Wäre Falstaff verzeichnet, wenn man diese materiellen Absichten, die ohnedies im Verlauf des Stückes keine Rolle spielen, schlicht und einfach wegließe? Doch wahrscheinlich gehörten sie für Shakespeare zum Charakterbild dieser seiner komischen Bühnengestalt.

12. Die Wiener Oper, die zu Nicolais Lebzeiten »Die Lustigen Weiber von Windsor« abgelehnt hatte, erlebte später damit einen starken Erfolg: zuerst noch in dem Hause, in dem Nicolai selbst als Dirigent tätig gewesen war, später im neuen, prächtigen Gebäude »am Ring«. Hier erklang das Werk erstmals am 11. Februar 1872, und dem historischen Theaterzettel sind mehrere Kuriositäten zu entnehmen. »Die Recitative und die Ballade der Frau Reich (3. Akt) von H. Proch« steht da zu lesen. Daß der damals recht bekannte Kapellmeister Heinrich Proch auch für dieses Werk »Einlagen« komponierte, wundert nicht: Er tat eigene Musik zu so ziemlich allem hinzu, wo dies nur möglich war. Als Offenbach in Wien weilte, soll er sich geäußert haben, es würde ihn nicht verwundern, eines Morgens die über Nacht zum Putzen vor die Hotelzimmertür gestellten Schuhe mit »Einlagen« von Proch vorzufinden. Die Ballade, die Nicolai komponiert hatte, gehörte tatsächlich zu den schwächeren Stücken der Partitur; ob die von Proch besser war? Interessanter hingegen: Wollte die Oper das Stück nicht mit gesprochenem Dialog geben (der als Merkmal der mindergeschätzten Operette galt) und ließ man daher statt dessen musikalische Rezitative von Proch komponieren? Und noch eins, eine Anmerkung auf dem gleichen Theaterzettel lautet: »Im 3. Akte. Elfentanz, komponiert von C. Telle. (Musik aus der Oper ›Die Rheinnixen‹ von J. Offenbach).« Also: die Elfen- und

Geisterszene, wie Nicolai sie für den dritten Akt seiner Oper vorgesehen hatte, genügte anscheinend der Wiener Oper nicht, die (ähnlich ihrem Pariser Schwesterinstitut) ihr Ballett gebührend herausstellen wollte. Sie beauftragte einen Herrn C. Telle damit, hierfür Musik zu schaffen. Der aber griff auf eine etliche Jahre früher für Wien komponierte (und dort durchgefallene) Oper »Die Rheinnixen« zurück. Genau das gleiche tat dann, etliche Jahre später, Offenbach selbst und übernahm den vermutlich genau gleichen Tanz in sein letztes, sein größtes Werk: »Hoffmanns Erzählungen«. So ist es also durchaus möglich, daß die Besucher der »Lustigen Weiber von Windsor« in der Wiener Oper der 1870er Jahre ein Musikstück hörten, das eines Tages weltberühmt werden sollte: die Barkarole ...

Biographische Daten aus dem Leben Otto Nicolais

1810 Am 9. Juni wird in Königsberg/Preußen Carl Otto Ehrenfried – genannt Otto – Nicolai als Sohn eines Musikers geboren. Er ist also »der gleiche Jahrgang« wie Schumann und Chopin, ist um ein Jahr jünger als Mendelssohn, um ein Jahr älter als Liszt und um drei älter als Wagner und Verdi.

1825 Nicolai, der bald nach der Scheidung seiner Eltern »in Pflege« gegeben worden war, kehrt ins Vaterhaus zurück, wo er angesichts der rücksichtslosen Strenge, der Ungerechtigkeit und den unberechenbaren Ausfällen des Vaters viel leidet.

1826 Nicolai verläßt das Vaterhaus endgültig und wird Lehrling seines ehemaligen Pflegevaters, des Instrumentenmachers Haesen. Doch schon nach sechs Monaten bricht er endgültig alle Brücken zu Königsberg ab, gelangt nach Stargard/Pommern, wo ein Musikliebhaber, August Adler, ihn aufnimmt, sein Talent erkennt und ihn

1827 zum Studium der Tonkunst nach Berlin schickt, wo er u. a. Schüler des berühmten Carl Friedrich Zelter wird – bekannt als Freund Goethes, Gründer und Leiter der »Liedertafel« (Urbild der damaligen Männerchöre) und Lehrer Mendelssohns, Meyerbeers, Löwes usw.

1830 Erste Kompositionen erscheinen im Druck.

1831 Bei einer Aufführung der (kurz vorher von Mendelssohn wiederentdeckten) »Matthäuspassion« von Bach, unter Leitung Zelters, singt Nicolai die Partie des Jesus. Er schwankt zwischen der Laufbahn eines Sängers und eines Pianisten, fühlt sich aber immer mehr zur Komposition hingezogen.

1833 Nicolai verläßt Berlin, um das Organistenamt an der Preußischen Gesandtschaft in Rom zu übernehmen, das ihm vom Gesandten Geheimrat von Bunsen, wahrscheinlich auf Veranlassung des ihm gewogenen Königs Friedrich Wilhelm III. angeboten wurde. Er beschäftigt sich von jetzt an vorwiegend mit Kirchenmusik, vor allem dem Werk Palestrinas und anderer in der Sixtinischen Kapelle tätigen Meister.

1834 Mit einer Eintragung vom 28. Januar eröffnet Nicolai ein Tagebuch, in das er etwa elf Jahre lang wichtige Erlebnisse seines privaten und öffentlichen Lebens eintragen wird. Erste nähere Nachrichten über Erkrankungen, vor allem Halsentzündungen.

1835 Nicolai komponiert eine Trauermusik auf den Tod des von ihm (besonders seiner »Norma« wegen) hochverehrten Bellini. Vermehrte Tätigkeit durch Erteilen privaten Musikunterrichts, dem aber Nicolais körperliche Schwäche Grenzen setzt.

1836 Freundschaftlicher Verkehr mit Donizetti. Nicolai verabschiedet sich von Rom. Er reist über Macerata und Bologna (wo eine kurzlebige Verlobung erfolgt) nach Mailand, wo von einer neuerlichen Liebesaffäre die Rede ist, die ihn an »die schönsten Gefühle seines Lebens« erinnert, »die gegen Bertha W. in Posen«. Komposition einer Trauermusik für die berühmte, jungverstorbene Sängerin Maria Malibran.

1837 Am 26. Mai Ankunft in Wien, wo Nicolai Kapellmeister des Kaiserlichen Hoftheaters und dessen erster Gesangslehrer wird. Er dirigiert ein Konzert, in dem ein Sinfoniesatz und eine Ouvertüre seiner Komposition auf dem Programm stehen, und schreibt die Oper »Rosmonda«, die aber nicht zur Aufführung gelangt.

1838 Am 1. Juni ist Nicolais Vertrag abgelaufen und nicht verlängert worden. Er reist über Venedig nach Mailand und Turin, wo er dirigiert und einen Vertrag zur Komposition einer Oper erhält. Weiterreise nach Rom.

1839 Am 26. November Uraufführung der umgearbeiteten »Rosmonda« unter dem Titel »Enrico II.« in Triest.

1840 Am 11. Februar Uraufführung der Oper »Il Templario« in Turin, starker Erfolg. Druck dieser Oper, die noch im gleichen Jahr in Genua und Mailand aufgeführt wird. Heiratspläne mit der prominenten Sängerin Erminia Frezzolini, die sich aber zerschlagen. Am 26. Dezember Uraufführung der Oper »Odoardo e Gildippe« in Genua, »gleichgültige Aufnahme«.

1841 Am 13. März Uraufführung der Oper »Il Proscritto« in Mailand; völliges Fiasko, das Nicolai vor allem Intrigen, sowie der Sabotage seiner kurz vorher noch als Braut betrachteten Sopranistin Frezzolini zuschreibt. Reise über Innsbruck nach Salzburg, wo er das Geburtshaus Mozarts besucht (». . . das Zimmer, wo dieser Heiland der Musik das Licht der Welt erblickte!«); auch Besuch bei Mozarts Witwe Constanze. Am 1. Juni Aufführung des »Templario« unter Nicolais Leitung in Wien. Er wird 1. Kapellmeister an der Hofoper und bereitet organisatorisch einen Zyklus von Orchesterkonzerten vor.

1842 Am 28. März findet das erste der geplanten Konzerte statt, die vom Hofopernorchester bestritten wurden und sich bald zur festen Institution der weltweit berühmten »Philharmonischen Konzerte« auswuchsen. Nicolai wird ihr ständiger Dirigent und gilt als Gründer des Wiener Philharmonischen Orchesters. Getrübt wird diese wahrscheinlich glücklichste Zeit Nicolais durch dauernde Geldforderungen des moralisch und materiell zugrundegegangenen Vaters, sowie durch die mißliche Lage der Mutter und Schwester, für die Nicolai zu sorgen beginnt. Fortgesetzte erfolgreiche Kapellmeistertätigkeit in Wien.

1843 Kapellmeistertätigkeit an der Wiener Hofoper. Vergebliche Suche nach einem guten deutschen Operntext. Entschluß zur Umarbeitung einer seiner italienischen Opern ins Deutsche.

1844 Am 3. Februar Wiener Erstaufführung der deutschen Fassung von »Il Templario« unter dem Titel »Die Heimkehr des Verbannten«. Auftauchen des Planes, eine Falstaff-Oper nach Shakespeare zu komponieren. Reise über Prag nach Dresden, wo Wagner tätig ist, Berlin, wo Meyerbeer Spontini abgelöst hat und Mendelssohn wirkt, nach Königsberg, wo bei Universitätsfeierlichkeiten Nicolais Ouvertüre über Luthers Choral »Ein' feste Burg« aufgeführt wird. Rückkehr nach Wien.

1845 Nach längeren Verhandlungen lehnt Nicolai einen Vertrag mit Berlin ab. Nach anderen Plänen wählt Nicolai Ende des Jahres den Falstaff-Stoff Shakespeares zur Vertonung. Die ersten Szenen schreibt Jacob Hoffmeister aus Kassel.

1846 An die Stelle Hoffmeisters tritt der junge Dichter H. S. Mosenthal, der nun Nicolai Stück auf Stück der Oper »Die lustigen Weiber von Windsor« liefert, wofür er jeweils mit 10 Gulden honoriert wird. Der erste Akt wird von Nicolai im Juli auf einem ungarischen Schloß des Grafen Carl Esterhazy vollendet. Er bietet sie dem Intendanten der Wiener Hofoper an, der sie aber ablehnt. Nicolais Lust, die Oper zu vollenden, erlahmt hierauf. Er beschließt auch, seinen Wiener Vertrag nicht weiter zu verlängern. Sein Gesundheitszustand verschlechtert sich.

1847 Am 21. März dirigiert Nicolai ein Abschiedskonzert in Wien, bei dem auch Bruchstücke der noch unvollendeten »Lustigen Weiber von Windsor« zur Aufführung gelangen. Am Abend des gleichen Tages verabschiedet er sich in der Oper mit »Don Giovanni«. Übersiedlung nach Berlin am 1. Oktober. Seine Gesundheit bessert sich nicht, er ist den meisten Teil der Zeit leidend.

1848 Nicolai übernimmt am 1. März die Leitung des Berliner Domchors, die Mendelssohn kurz vor seinem Tod niedergelegt hatte, zudem die Kapellmeisterstelle an der Hofoper. Unter schweren materiellen und gesundheitlichen Sorgen verbringt er einige Sommerwochen auf der Nordseeinsel Wangerooge. Am 24. September dirigiert er anläßlich der Einweihung der neuen Friedenskirche in Sanssouci/Potsdam, wozu er einen Psalm komponiert hatte.

Opernhaus und St. Hedwigs Kirche in Berlin.
(Das Opernhaus wurde 1761–1764 von G. W. Knobelsdorff erbaut, und nach dem Brand 1843 von Carl Ferdinand Langhans erneuert.)

1849 Uraufführung der »Lustigen Weiber von Windsor« in Berlin am 9. März. Nicolai dirigiert sie noch weitere drei Male persönlich, stets mit starkem Erfolg.
Am 11. Mai erliegt er, noch nicht 39 Jahre alt, einem Gehirnschlag. Seine Oper »Die Heimkehr des Verbannten« wurde am 19. November, also vier Monate nach seinem Tode, in Berlin erstmals gegeben, allerdings ohne Erfolg.

Tempobezeichnungen

Grave: Schwer, lastend, äußerst langsam
Largo: Äußerst langsam
Larghetto: Etwas fließender, aber immer noch sehr langsam
Adagio: Sehr ruhig und langsam
Adagietto: Etwas weniger langsam
Moderato: Mäßig, eher langsam
Andante: Gehendes Zeitmaß, fließend, nicht zu langsam, aber ruhig
Andantino: Etwas bewegter als Andante
Allegretto: Flüssigeres Zeitmaß
Allegro: Lebhaftes, ziemlich schnelles Zeitmaß
Vivace: Sehr lebhaft, eher etwas bewegter als Allegro
Presto: Sehr schnell und bewegt
Prestissimo: Äußerst geschwind.

Diese Grundbegriffe können durch Beiworte noch weiter abgestuft werden. Das Wort *molto* (sehr) steigert die Grundtendenz: *Allegro molto* ist schneller als *Allegro, Adagio molto* ruhevoller als *Adagio. Con moto* ist ein Zusatz, der etwa »mit Bewegung« verlangt, *Andante con moto* bedeutet also ein ruhiges, aber doch (vor allem innerlich) bewegtes Zeitmaß. *Con fuoco* bedeutet »mit Feuer«, »mit Temperament«, *appassionato* »leidenschaftlich« *(Allegro appassionato* also ein schnelles, vor allem leidenschaftlich erregtes Zeitmaß), *non troppo* heißt »nicht zu sehr«, schwächt also den Hauptbegriff ein wenig ab: *Allegro ma non troppo* verlangt ein zwar schnelles, aber nicht überhetztes Zeitmaß. *Con brio* wäre am ehesten mit »schwungvoll« zu übersetzen: *Allegro con brio* bedeutet ein schwungvolles, rasches Zeitmaß. Die Übergänge von einem langsameren zu einem schnelleren Tempo werden durch das Wort *accelerando; acc,* (beschleunigend) oder auch *stringendo* (schneller werdend), die umgekehrten durch *ritardando,* auch *ritenuto* oder *allargando* (langsamer werdend) verlangt.

DYNAMISCHE BEZEICHNUNGEN (Stärkegrade)

ppp (eventuell sogar pppp): So leise wie möglich, extrem leise

pp, pianissimo: Sehr leise

p, piano: Leise

mp, mezzopiano: Mittelstark, eher leise

mf, mezzoforte: Mittelstark, eher stark

f, forte: Stark

ff, fortissimo: Sehr stark

fff (eventuell sogar ffff): So stark wie möglich, extrem laut

Auch diese Begriffe können durch Zusatzbezeichnungen differenziert werden. *Assai* bedeutet ungefähr »ziemlich«, *molto* »sehr«. Für alle diese (italienischen) Ausdrücke haben sich im 19. Jahrhundert auch deutsche Bezeichnungen eingebürgert. International aber gelten nur die italienischen.

Erläuterungen musikalischer Fachausdrücke

a cappella: Gesang ohne Instrumentalbegleitung (vom italienischen: *senza cappella* = ohne Kapelle oder Orchester).

Akkord: (Gleichzeitiger) Zusammenklang mehrerer, zumindest dreier Töne. Siehe auch »Dreiklang«. Die Harmonielehre setzt die → Intervalle fest, die im Aufbau von Akkorden Verwendung finden. Die gebräuchliche Bildung erfolgt durch Übereinanderstellung von Terzen, z.B. C-E-G; *verminderter–:* Eine der Grundtypen des Dreiklangs. Er besteht aus zwei kleinen Terzen, also z.B. C-Es-Ges oder D-F-As. Die Romantik des 19. Jahrhunderts verwendete ihn gern, so etwa Weber für die Gruselstimmung seines »Freischütz«.

Arie: Großes Sologesangsstück aus einer Oper. Ohne festgelegte Form, in älteren Zeiten aber oft dreiteilig symmetrisch gebaut, wobei der erste Teil nach Einschub eines zweiten, melodisch andersgearteten Teiles wiederholt wird (»Da-capo-Arie«).

Ariette: kleine Arie, kürzer und einfacher in der Form als diese, zumeist auch bescheidener in den stimmlichen Anforderungen.

Baß-Buffo: (italienisch: basso buffo), auch »Spielbaß« genannt, ist der Bassist, der besondere Eignung für das »komische Fach« besitzt. Zu seinen Rollen gehören etwa: der Osmin in Mozarts »Entführung aus dem Serail«, der Falstaff in Nicolais »Lustigen Weibern von Windsor« und Verdis »Falstaff«, der van Bett in Lortzings »Zar und Zimmermann«, der Ochs von Lerchenau in R. Strauss' »Rosenkavalier«. Er sollte, neben vollendeter stimmlicher Beherrschung seiner oft recht schwierigen Partien ein besonders starkes Spieltalent besitzen, in dem Komik und Grazie, wenn auch vielleicht in parodierter Form zum Ausdruck kommen.

basso-buffo: → Baß-Buffo.

Belcanto: Aus dem Italienischen; wörtlich: schöner Gesang.

Gebraucht für den kunstvollen italienischen Ziergesang und seine besondere Stimmtechnik, die höchstes Können erfordert. Als typische Belcanto-Komponisten bezeichnet man etwa Rossini, Bellini, Donizetti, da die Wiedergabe von deren Melodien ein Höchstmaß an Belcanto-Technik erfordert. Aber auch bei Verdi und Puccini wird von den Sängern Belcanto-Gesang erwartet, und eigentlich auch bei den (italienischen) Opern Mozarts. Worin die besondere Belcanto-Technik des Singens besteht, kann in Kürze schwer erklärt werden: Sie verlangt eine vollendete Atemführung, ein perfektes Legato (Ineinanderbinden der Töne), perlende Läufe, glitzernde Staccati, Triller usw.

Chromatik: (vom griechischen »croma« = Farbe), ein Begriff, der sowohl in der Melodie wie in der Harmonie Anwendung findet und (ungefähr) die Aufeinanderfolge kleinster Tonschritte bezeichnet, also von Halbtönen. Verläuft eine Melodie etwa: g, gis, a, dann sprechen wir von einer chromatischen Fortschreitung. Eine *chromatische* Tonleiter ist jene, die alle zwölf Töne unseres Systems umfaßt (während eine »gewöhnliche« Dur- oder Molltonleiter nur sieben aus diesen ausgewählte aufnimmt).

Dreiklang: Gleichzeitiges Erklingen dreier, in Terzabstand aufgebauter Töne, z. B. C-E-G. Auch die »Umkehrungen« gelten als Dreiklang (E-G-C und G-C-E), obwohl dann die Terzabstände nicht gewahrt sind. Es gibt verschiedene Typen von Dreiklängen: den Durdreiklang (C-E-G), den Molldreiklang (C-Es-G), den *übermäßigen* Dreiklang (C-E-Gis) und den *verminderten* Dreiklang (C-Es-Ges). In der Harmonielehre ist jedem von ihnen eine bestimmte Stellung oder Aufgabe zugewiesen. Als konsonant (= gut zusammenklingend) gelten nur die beiden erstgenannten, doch sind diese Begriffe im 20. Jahrhundert stark liberalisiert worden.

Duett: Gesang zweier Stimmen, während das Spiel zweier Instrumente als Duo bezeichnet wird.

Duettino: Ein im Ausmaß kleines → Duett.

Ensemble(stück): Ein Musikstück, in dem mehrere Personen gleichzeitig singen. Das Wort wird bei Duetten und Terzetten selten angewendet, wohl aber bei Musikstükken von mehr als vier Stimmen, zu denen manchmal auch noch der Chor treten kann.

Heldentenor: Ein erst durch Richard Wagner geprägter Begriff; die dramatischste Stufe des Tenors. Sprechen wir von einem italienischen »Tenore dramatico« – wie etwa bei Radames (»Aida«) oder Otello in Verdis gleichnamiger Oper – so wird dieser Begriff im deutschen, vor allem wagnerischen Heldentenor noch bedeutend gesteigert: Hier wäre in erster Linie an Tannhäuser, Lohengrin, Siegmund, Siegfried, Tristan und Parsifal zu denken. Die Bewältigung dieser Rollen erfordert höchste Kraft, höchstes Durchhaltevermögen, einen besonderen, eben »heldischen« Glanz der Stimme, neben allen anderen Attributen, die man vom Opernsänger erwartet.

Intervall: Abstand zweier Töne. Jedes trägt einen (aus dem Lateinischen stammenden) Namen: Prime, Sekunde, Terz, Quarte, Quinte, Sexte, Septime, Oktave. Von C zu E beträgt z. B. der Abstand oder das »Intervall« eine Terz, von C zu A eine Sexte usw.

Kadenz: Ein Wort mit musikalischer Doppelbedeutung. Einmal: eine Akkordkette, die ein Musikstück oder Teilpartien daraus abschließt, dem Hörer ein »Schlußgefühl« vermittelt. Tritt dieser Schluß tatsächlich ein, dann spricht man von einer »authentischen«, wird er im letzten Moment zu einer Fortsetzung des Stückes umgebogen, von einer »plagalen« Kadenz.
Als Kadenz wird aber auch jener Teil eines »Konzerts«, also Solowerkes mit Orchesterbegleitung, verstanden, in dem das Ensemble, zumeist nach einem »starken« Akkord (Quartsext-Akkord), pausiert und der Solist sich in virtuoser Unabhängigkeit tummelt. Diese kann – in alten Zeiten – improvisiert sein oder – von der Romantik angefangen – vom Komponisten genauso festgelegt wie das ganze Tonwerk selbst.

Klarinette: Eines der grundlegenden Holzblasinstrumente, wichtig als Solist- wie als Orchesterinstrument. Erfunden durch J. Chr. Denner in Nürnberg um 1700, aber erst mehrere Jahrzehnte später in der Kunstmusik allgemein verwendet, vor allem durch die »Mannheimer Schule« (um 1750) und Mozart. Die Klarinette, in der Größe etwa der Oboe vergleichbar, aber mit abgeschrägtem Schnabel, in dem ein Rohrblatt schwingt, wird in verschiedenen Stimmungen hergestellt; die gebräuchlichsten sind die in A und B (was bedeutet, daß sie die A- bzw. B-Dur-Tonleiter als Grundleitern spielen). Im Klang recht verschieden davon sind die Klarinetten in D oder Es, die nur ausnahmsweise und zu besonderen Zwecken (tonmalerischer Art zumeist) verwendet werden.

Im Orchester werden auch zwei Abarten der Klarinette verwendet: das Saxophon und die *Baßklarinette.* Letztere, von besonders tiefem Klang, ist dementsprechend auch von wesentlich größerem Bau. Sie wird nur solistisch im großen Ensemble des Sinfonieorchesters benutzt.

Koloratur: Ziergesang, wichtige Gesangsart vorwiegend in italienischen Opernwerken, aber auch in Mozarts deutschen Singspielen *Die Entführung aus dem Serail* und *Die Zauberflöte* verwendet. Besteht aus schnellen Läufen, Akkordzerlegungen usw. in hoher und höchster Stimmlage. Wird in erster Linie von Sopranen verlangt, die dafür eine besondere Eignung aufweisen müssen (Koloratursoprane). Als typische Rollen seien die Königin der Nacht *(Die Zauberflöte),* Gilda *(Rigoletto),* Zerbinetta *(Adriane auf Naxos)* genannt. Rossini schrieb mit Vorliebe Koloraturen für Mezzosopran; auch von Tenören wurde ähnliches in früheren Zeiten oft verlangt.

Kontrabaß: Das größte, also auch tiefste der in jedem größeren Ensemble tätigen Streichinstrumente. Im allgemeinen mit vier, manchmal aber auch mit fünf Saiten ausgestattet.

Musiknummer: Die früheren Opernwerke waren in »Nummern« eingeteilt, die deutlich voneinander abgegrenzt waren. Zumeist fanden sich zwischen diesen Nummern (in deutschen Gebieten) gesprochene Texte, (in Italien) Rezitative. Als Musiknummern galten z. B. Arien, Duette, Terzette, Quartette, Chöre, auch die Ouvertüre und andere Instrumentalstücke waren mit Nummern bezeichnet. Erst gegen die Mitte des 19. Jahrhunderts wurde dieser Operntypus unmodern; fortan (bei Wagner und Verdi, bald bei allen anderen auch) spannte die Musik einen großen Bogen von Aktbeginn bis Aktschluß, wobei aber oft noch Arien usw. eingebaut wurden.

Oktave: Der Tonraum von irgendeinem Ton zu seiner Wiederholung in einer höheren Lage, also z. B. von einem C zum nächsthöheren C. Auf den Oktavräumen beruhen alle Musiksysteme, da dieser Raum sowohl im menschlichen Gehör wie in der Mathematik und Physik der »einfachste« und »natürlichste« ist: eine schwingende Saite ergibt z. B. genau in ihrer Mitte abgeklemmt, die Oktave des ursprünglichen Tons.

Opera buffa: Lustspielartiges Musiktheater der Italiener. Gegensatz: *Opera seria,* die ernste Oper; Begriffe aus dem 17. und 18. Jahrhundert, später seltener gebraucht.

Opera seria: Ernste Oper der Italiener. Als Zwischenformen zwischen ihr und der → Opera buffa gibt es das »Dramma giocoso« (dessen wörtliche Verdeutschung »scherzhaftes Drama« unmöglich ist) oder die »Opera semiseria« (halbernste Oper, d. h. eine ernste Oper mit heiteren oder volkstümlichen Szenen darin).

Pauke: Das gebräuchlichste Schlaginstrument des sinfonischen, also auch des Opernorchesters; stets paarweise gebraucht, eventuell auch in größerer Zahl (3, 4, 5 Pauken, eventuell sogar mehr). Die Pauke gehört zu den genau (oder annähernd genau) zu stimmenden Instrumenten. Der Komponist schreibt bei jedem Stück eine dafür geeignete Stimmung vor: z. B. »Pauken in C und

G«. Diese Stimmung muß manchmal während des Musikstücks geändert werden (wenn dieses andere Tonarten berührt); der geübte Pauker nimmt die Umstimmung während des Spiels vor, zumeist nur nach dem Gehör, obwohl im Laufe der Zeit verschiedene Arten maschineller Paukenstimmungen erfunden wurden. Schließlich gibt es noch verschiedene Beschaffenheiten der Schlegel, mit denen das Fell der Pauke geschlagen wird: härtere und weichere, was den Klang wesentlich beeinflußt.

Recitativo accompagnata: → Recitativ

Rezitativ: Wichtiger Bestandteil älterer italienischer Opern. Eine Art Sprechgesang mit musikalischer Begleitung. Ziemlich frei in Takt und Rhythmus.

Die italienische Oper unterscheidet zwei Arten des Rezitativs: das »recitativo secco«, das lediglich von einem Tasteninstrument (vor allem Cembalo) begleitet wird – das evtl. durch ein Violoncello oder einen Kontrabaß verstärkt werden kann – und das »recitativo accompagnato«, bei dem die sprechsingenden Stimmen vom Orchester begleitet werden.

rezitativisch: Im Sprechgesang.

Stretta: Der Schlußteil einer Arie oder evtl. eines anderen Teils der Oper, üblicherweise mit einem »Accelerando«, also einem »Schnellerwerden« verbunden.

Nebenbedeutung: dynamisch gesteigert, schwungvoll mitreißend.

Terzett: Gesang dreier Stimmen, während das Spiel dreier Instrumente als Trio bezeichnet wird.

Tenorbuffo: Das männliche Gegenstück zur »Soubrette« in den Spiel- oder Lustspielopern; eine im allgemeinen »leichte«, bewegliche Stimme. Gutes komisches und Spieltalent, Beweglichkeit, Charme gehören dazu.

Unisono: Gleichklang, Stimmen oder Instrumente auf dem gleichen Ton vereint. (Zur Aussprache des Wortes: Die Betonung liegt auf dem i, im Sprachgebrauch aber auch manchmal auf dem ersten o.)

Diskographie

Zusammengestellt von Albert Thalmann, Bern/Schweiz
Stand: Juli 1981
(alle Aufnahmen sind in deutscher Sprache gesungen)

Fa: Sir John Falstaff, HFl: Herr Fluth, HR: Herr Reich, Fe: Fenton, FFl: Frau Fluth, FR: Frau Reich, A: Jungfer Anna Reich, *Dir:* Dirigent, Or: Orchester, Ch: Chor

1951 Fa: Kurt Böhme, HFl: Theodor Horand, Fe: Aloys Kühnert, FFl: Ingeborg Schmitt-Stein, FR: Erna Westenberger, A: Irma Kästner, *Dir: Rolf Kleinert,* Or & Ch: Radio Leipzig
Oceanic

1952 Fa: Georg Hann, HFl: Wilhelm Strienz, Fe: Walther Ludwig, FFl: Irma Beilke, FR: Lore Hoffmann, A: Marie-Luise Schilp, *Dir: Arthur Rother,* Or: Radio-Orchester Berlin, Ch: Städtische Oper Berlin
Urania

1956 Fa: Kim Borg, HFl: Eberhard Waechter, Fe: Walther Ludwig, FFl: Maria Stader, FR: Margarete Klose, A: Anny Schlemm, *Dir: Ferdinand Leitner,* Or & Ch: Bayerischer Rundfunk
DGG

1963 Fa: Gottlob Frick, HFl: Ernst Gutstein, HR: Kieth Engen, Fe: Fritz Wunderlich, FFl: Ruth-Margret Pütz, FR: Gisela Litz, A: Edith Mathis, *Dir: Robert Heger,* Or & Ch: Bayerische Staatsoper München
EMI/Electrola*

1977 Fa: Karl Ridderbusch, HFl: Wolfgang Brendel, HR: Alexander Malta, Fe: Claes H. Ahnsjö, FFl: Helen Donath, FR: Trudeliese Schmidt, A: Lilian

* auch als Querschnitt erschienen.

	Sukis, *Dir: Rafael Kubelik,* Or & Ch: Bayerischer Rundfunk Decca*
1977	Fa: Kurt Moll, HFl: Bernd Weikl, HR: Siegfried Vogel, Fe: Peter Schreier, FFl: Edith Mathis, FR: Hanna Schwarz, A: Helen Donath, *Dir: Bernhard Klee,* Or: Staatskapelle Berlin, Ch: Staatsoper Berlin DGG*

Nur als Querschnitt erschienen

1957	Fa: Gottlob Frick, HFl: Dietrich Fischer-Dieskau, FFl: Erika Köth, Fe: Horst Wilhelm, *Dir: Wilhelm Schüchter,* Or: Berliner Philharmoniker, Ch: Deutsche Oper Berlin EMI/Electrola
	Fa: Kurt Böhme, HFl: Claudio Nicolai, Fe: Horst R. Laubenthal, FFl: Erika Köth, FR: Hertha Töpper, A: Lotte Schädle, *Dir: Bernhard Conz,* Or & Ch: Deutsche Oper Berlin Ariola
1963/78	Fa: Franz Crass, HFl: Marcel Cordes, Fe: Ernst Haefliger, FFl: Evelyn Lear, FR: Sieglinde Wagner, A: Caterina Alda, *Dir: Hans Löwlein,* Or: Bamberger Symphoniker, Ch: Philharmonischer Chor Bamberg DGG

Diese Diskographie erhebt keinen Anspruch auf Vollständigkeit – Hinweise betreffend Aufnahmen, die nicht erwähnt sind, werden dankbar entgegengenommen.

* auch als Querschnitt erschienen.

KURT PAHLEN

hat in einem äußerst arbeitsintensiven Leben die Musikerlaufbahn in allen Richtungen bis in die höchsten Stellungen durchlaufen. Als Dr. phil. mit dem Hauptfach Musikwissenschaften und dem Kapellmeistertitel des Wiener Konservatoriums war er Generalmusikdirektor (als Chef der Filarmònica Metropolitana von Buenos Aires), Theaterleiter (als Direktor des berühmten Opernhauses von Buenos Aires, Teatro Colón), Universitätsprofessor (als Gründer und Inhaber des Lehrstuhls für Musikgeschichte an der Universität Montevideo) sowie vielfacher Gastdirigent und Gastprofessor in der Alten und Neuen Welt. Er dirigierte in der Wiener Staatsoper, im Norddeutschen Rundfunk, in den Opernhäusern von Zürich, Basel, Bern, Karlsruhe, Rio de Janeiro usw., im Wiener Musikverein und Konzerthaus, das Orchestre de la Suisse Romande in Genf, das Mozarteumorchester Salzburg u.v.a. Gegenwärtig ist er Professor am Internationalen Opernstudio der Zürcher Oper, Leiter der Meisterkurse in Lenk/Bern, Präsident des Forums für Musik und Bewegung, Gastprofessor an den Universitäten von Buenos Aires, La Plata, Rio de Janeiro, Mexico, Puebla, Monterrey, Xalapa usw. Seit dem Erscheinen seines ersten Buches im Jahre 1944 hat Pahlen über 40 Werke veröffentlicht, die teilweise bis in 16 Sprachen übersetzt wurden. Er besitzt das Große Ehrenzeichen, das Ehrenkreuz für Kunst und Wissenschaften I. Klasse der Republik Österreich, den Ehrenbecher des Landes Salzburg sowie der Stadt Puebla/Mexico. Pahlen ist mit jährlich mehr als 200 Vorträgen in vielen bedeutenden Opernhäusern tätig, sowie bei den Osterfestspielen Salzburg, den Salzburger Festspielen, den Festspielen in Bregenz, dem Carinthischen Sommer (Ossiach-Villach), der Schubertiade Hohenems, dem Festspiel in Savonlinna/Finnland. Er leitet Konzertzyklen in der Schweiz, wo er seit vielen Jahren ansässig ist, nachdem er über 30 Jahre in Südamerika gelebt und als einer der Pioniere des dortigen Musiklebens gewirkt hat. Seine Kompositionen, vor allem zwei Kinderopern, sind weit verbreitet, seine Kinderlieder sind in mehreren Sprachen volkstümlich geworden.

Leseprobe

Band 33003

Ein ausgezeichnetes Lehrbuch der Musiktheorie, das dem Lernenden den reichhaltigen Stoff in übersichtlicher, knapper Form – methodisch geordnet und aufbereitet – nahebringt und dem Fortgeschrittenen zur Wiederholung und zum Nachschlagen dient.

Fragen und Aufgaben am Ende jeden Kapitels regen zur Selbstkontrolle und aktiven Beschäftigung an.

Der Inhalt umfaßt die allgemeine Musiklehre und schließt Erklärungen und Erläuterungen wichtiger Fachausdrücke ein.

Aus dem Inhalt:

Vorwort

Neben dem Singen, Musizieren und bewußten Musikhören trägt das Beherrschen der Elementarlehre, die Kenntnis wesentlicher melodischer, harmonischer und rhythmischer Zusammenhänge, zum Verstehen der vielgestaltigen musikalischen Erscheinungen bei. »Allgemeine Musiklehre« führt in diese Grundlagen ein und möchte den Lernenden beim Aneignen des notwendigen Wissens unterstützen, darüber hinaus dem Fortgeschrittenen zur Wiederholung und zum Nachschlagen dienen. Deshalb stand im Vordergrund das Bemühen, den reichhaltigen Stoff in knapper, übersichtlicher Form methodisch geordnet und aufbereitet darzulegen. Bewußt wurden viele Notenbeispiele herangezogen, um immer wieder die Verbindung zur Musikpraxis herzustellen.
Fragen und Aufgaben am Ende jedes Kapitels ermöglichen gezielte Selbstkontrolle und sollen zur weiteren aktiven Beschäftigung anregen. Kennziffern am Rande jeder Seite gliedern das Material und gestatten zahlreiche Verweise im Text. Das Register enthält zum raschen Aufsuchen und Informieren sowohl die Kennziffer des Besprochenen als auch kurze Erläuterungen weiterer wichtiger Begriffe und Fachwörter.

Wieland Ziegenrücker

Von den Musikinstrumenten

Allgemeines

383 Von einfachsten Rasseln und Klappern bis zu modernen komplizierten technischen Apparaturen, wie z. B. dem Synthesizer, zeigt sich uns heute ein vielgestaltiges, in engster Beziehung mit der Entwicklung der menschlichen Gesellschaft entstandenes Instrumentarium (instrumentum, lat. = Werkzeug). Als Ordnungsprinzip für die Systematik unserer Musikinstrumente gilt die Art der Tonerzeugung, die zu 5 Hauptgruppen führt. Weiterhin finden bauspezifische und spielpraktische Eigenheiten Beachtung.

384 Alle Instrumente, deren Töne auf schwingende Saiten zurückzuführen sind, bilden die Gruppe der *Chordophone* (»Saitenklinger«). Dazu zählen die Streich- und Zupfinstrumente (z. B. Violine und Violoncello bzw. Gitarre und Harfe), aber auch Klavier und Cembalo.

385 Eine weitere große Abteilung ergibt sich aus jenen Instrumenten, in denen das Klangmaterial durch eine in Schwingungen versetzte Luftsäule entsteht. Wir nennen sie *Aerophone* (»Luftklinger«). Das sind die Holz- und Blechblasinstrumente, die Orgel und die sogenannten Harmonikainstrumente (Akkordeon, Mundharmonika usw.)

386 Wird der Körper selbst zum tonerzeugenden Medium (z. B. die Holzplatten des Xylophons oder die gegengeschlagenen Becken), so spricht man von *Idiophonen* (»Selbstklingern«). Hierzu rechnen weiterhin Triangel, Gong, Vibraphon, Schüttelrohr, Glocke u. a.

387 Bei Trommeln und Pauken schwingt das Fell, deshalb trägt diese Gruppe die Bezeichnung *Membranophone* (»Fellklinger«). In der Praxis faßt man Idiophone und Membranophone als Schlaginstrumente zusammen, die in Instrumente mit bestimmter (Pauken, Glockenspiel, Xylophon usw.) und unbestimmter (Trommel, Becken, Triangel usw.) Tonhöhe unterteilt werden können.

388 Der technische Fortschritt der letzten Jahrzehnte ließ die *Elektrophone* (»Elektroklinger«), auch Ätherophone, entstehen, wobei zwischen Instrumenten mit elektrischer Verstärkung (z. B. Plektrumgitarre) und Instrumenten mit elektronischer Tonerzeugung durch Generatoren (z. B. Elektronenorgel, Synthesizer) unterschieden werden muß.

389 Die folgenden Seiten enthalten in gedrängter Form Hinweise zu Bau, Stimmung und Tonumfang der gebräuchlichen Musikinstrumente, wobei auf die Beschreibung der komplizierten Struktur von Klavier, Orgel und elektronischen Instrumenten aus räumlichen Gründen verzichtet werden mußte. Die Zusammenfassung in Gruppen folgt praktischen Erwägungen.
Beachte: Alle angegebenen Tonumfänge sind »Normalwerte«. Sie hängen selbstverständlich vom Typ des Instruments und vom Können des Musikers (besonders in den extremen Grenzlagen) ab.

Streichinstrumente

390 *Violine*, Geige (ital. = violino)
Bau: Korpus mit gewölbtem Ahornboden und Fichtenholzdecke, die durch Zargenkranz verbunden sind, nach außen gerundetem Ober- und Unterbügel und nach innen gerundetem Mittelbügel, Decke mit 2 f-förmigen Schallöchern, weiterhin Stimmstock und Baßbalken im Innern; Länge des Korpus ca. 35,5 cm, Hals mit Griffbrett (Ebenholz) und Obersattel (oberes Ende) als Saitenauflage, Wirbelkasten (seitenständige Wirbel), Schnecke; 4 Saiten verlaufen von Wirbel über Obersattel, Steg (auf Korpus gestellt) zum Saitenhalter; Saiten aus Stahl, Aluminium, Silber, Darm u. a. (umsponnen); Bogen: Stange mit Spitze, Griff (Frosch) mit Spannvorrichtung, Bezug (weiße Roßhaare)
Stimmung der Saiten: g d^1 a^1 e^2
Tonumfang und Notierung: g–a^4 (d^5, Flageolett)

391 *Viola*, Bratsche (franz. = alto)
Bau: der Violine ähnlich, veränderte Proportionen, Länge des Korpus bis 42 cm; Altinstrument zur Violine
Stimmung der Saiten: c g d^1 a^1
Tonumfang und Notierung: c–a^3 (e^4, Flageolett), Altschlüssel

BROCKHAUS
RIEMANN
MUSIK
LEXIKON
IN 2 BÄNDEN